힙한 문화예술 트렌드를 읽다

힙한 문화예술 트렌드를 읽다

초판 인쇄 2020년 1월 05일
초판 발행 2020년 1월 10일

지은이 신형덕·김민정·박지현·나혜영·
신창엽·김종헌·김우리·박주연
교정교열 정난진
펴낸이 이찬규
펴낸곳 북코리아
등록번호 제03-01240호
주소 [13209] 경기도 성남시 중원구 사기막골로 45번길 14
우림라이온스밸리2차 A동 1007호
전화 02-704-7840
팩스 02-704-7848
이메일 sunhaksa@korea.com
홈페이지 www.북코리아.kr

ISBN 978-89-6324-678-9 (03680)
값 14,000원

힙한 문화예술 트렌드를 읽다

신형덕 신창엽
김민정 김종헌
박지현 김우리
나혜영 박주연

북코리아

서문

우리는 문화예술을 숨쉰다. 우리가 알지 못하는 가운데 우리의 폐 속에 깊이 침투해 있다.

그러나 침엽수림에서 피톤치드의 청량감을 느끼거나 자욱한 미세먼지의 답답함을 느끼듯, 문득 우리를 둘러싼 문화예술의 존재를 느낄 때가 있다. 존재하기만 하는 것이 아니라 거대한 조류를 이루며 우리를 둘러싸고 흐르고 있다.

트렌드 관련 서적이 범람하는 출판업계에서 또 하나의 트렌드 서적을 발간하는 것에 많은 사람들이 우려했다. 아직도 더 말할 트렌드가 남아 있는가? 하지만 우리 연구진은 답한다. 그렇다. 아직 우리는 할 말이 남아 있다. 아니, 너무 많아서 주체를 못할 정도다.

이 책에서는 크게 세 부류의 트렌드를 분석했다. 첫 번째는 광범위한 사회적 관점에서 보는 트렌드다. 문화도용(cultural appropriation)은 다소 생소한 개념이지만, 이미 우리는 '아시안 원조'라는 이름으로 근본 없는 음식이 미국 식당에서 판매되는 것에 익숙하다. 이 현상에 문제는 없는가? SNS에 중독된 사람들이 인스타그래머블(instagrammable)한 장소를 찾아다니는 현상의 시사점은 무엇인가? 그리고 이기적 유전자를 의미하는 밈(meme)은 우리 사회를 어떻게 변화시키고 있는가?

두 번째 트렌드는 개인적 취향에 대한 것이다. 인공지능과 빅데이터가 지배하는 가장 첨단 분야인 큐레이션(curation)에서는 어떤 일이 벌어지고 있는지, 그리고 유럽의 고급 사교문화를 계승하는 살롱(salon)이 어떻게 우리의 취미생활을 바꿀 수 있는지 알기 쉽게 설명한다.

세 번째 트렌드로 문화예술이 잠재되어 있는 우리의 소비생활에 대해 둘러본다. 마치 예술작품을 구매하는 기분으로 구입하는 제품(artistic products), 최고급 작가의 작품을 저렴하게 구입하는 리미티드 에디션(limited edition), 대량생산과 대량소비의 경박함을 극복하는 셀슈머(sellsumer) 창작자들, 상상을 뛰어넘는 문화예술 패키지 상품들(packages) 그리고 〈어벤져스〉 등 영화 속 세계관에 우리를 가두어버리는 시리즈(series)와 리메이크(remake)는 문화예술이 우리의 소비에 강력한 영향을 미친다는 것을 보여준다.

이 책은 홍익대학교 연구진에 의해 저술되었다. 문화예술 각 분야에서 활동하는 김민정, 박지현, 나혜영, 신창엽, 김종헌, 김우리, 박주연 연구원의 최고의 전문성에 힘입어 이 책이 잉태되었다. 그리고 이 책의 가치를 인정해주신 북코리아 이찬규 대표님의 혜안으로 세상에 나오게 되었다. 모든 분들의 수고와 협조에 감사드린다.

우리는 아직 할 말이 남아 있다. 시즌 II를 기대하며.

2019년 겨울, 와우산 기슭에서

대표저자 신형덕

목차

1부

우리는 문화를 숨쉰다

문화도용
(cultural appropriation)

신형덕

1 인디언 분장의 백인 아이들

인디언 분장을 한 백인 아이들

위의 사진을 보라. 귀여운 아이 셋이 특이한 옷을 입고 서 있다. 그런데 뭔가 이상한 느낌이 들지 않는가? 혹시 그 이상한 느낌이 백인 아이들이 인디언 복장을 하고 있는 데 연유한 것이라고 알아챘다면 당신은 문화적 감수성이 매우 높은 사람이다.

사실 아이들이 인디언 복장을 하는 것 자체가 이상할 일은 아니다. 그런데 정작 인디언 입장에서 보면 기분이 썩 좋지 않을 수 있다. 자신들의 문화를 소중히 여기는 인디언에게는 더욱더 그러할 수 있다. 만약 우리나라의 전통 한복이나 임금이 입는 곤

룽포를 외국인이 재미 삼아 함부로 리폼해서 입고 다니면서 심지어 그것을 하나의 트렌드로 만들려 한다면 그것을 보는 당신의 심정은 어떨까? 문화의 글로벌화를 하나의 자연스러운 현상으로 이해할 수 있을 것인가? 그렇다면 당신은 문화적으로 매우 '관대한' 인식을 가진 사람이다. 만약 뭔가 불편한 느낌을 갖는다면 당신은 이미 '문화도용(cultural appropriation)'이라는 개념을 인지하고 있다고 할 수 있다.

쉽게 말해서 문화도용은 다른 집단의 문화를 충분한 이해 없이 흥미 위주로 사용하는 것이다. 그런데 앞서나가는 집단의 문화를 그렇지 않은 집단이 추종하는 것은 사실 자연스러운 현상이다. 뉴욕이나 파리 같은 패션 중심지의 사람들이 입는 스타일을 세계 여러 나라 사람들이 따라 하려 하는 것은 문화도용이라고 부르지 않는다. 여기에서 문화도용은 우월한 위치에 놓인 집단이 비교적 열등한 위치(주로 경제적인)에 놓인 집단의 문화를 마치 자기의 것인 양 사용하는 것을 말한다. 그렇다면 누가 우월하고 누가 열등한 집단인가? 일반적으로 예상할 수 있듯이 백인 집단이 우월한 집단, 그리고 유색인종 집단이 열등한 집단으로 여겨진다.

2 인종 차별, 문화도용, 문화적 배려

서방 세계의 영화나 드라마에서 드물게 백인이 유색인종처럼 등장하는 경우가 있다. 그 상황에서 스토리의 현실감을 살리기 위해 백인 배우가 유색인종의 특성을 표현하게 되는데, 그 순간이 바로 백인 집단이 유색인종을 보는 시각을 표출하는 순간이 된다. 이른바 '인종적 전형성(stereotype)'을 보여주는 대목이다. 영화나 드라마에 어떤 인종은 교활하고, 어떤 인종은 게으르고, 어떤 인종은 이기적이라는 고정관념이 여과 없이 반영될 때, 특히 그렇지 않을 것으로 생각되는 백인 배우가 그러한 연기를 하는 것을 볼 때 해당 인종은 분노를 느낀다. 사실 이러한 현상은 뿌리가 깊다. 1961년에 개봉한 〈티파니에서 아침을〉에서 미국인 배우 미키 루니는 일본인 역할을 맡아서 일본인을 비하했다는 비판을 받기도 했다. 물론 유색인종을 연기했던 모든 백인 배우가 이러한 비판을 받았던 것은 아니다. 1956년에 개봉한 〈왕과 나〉에서 동남아 국가의 국왕을 연기한 율 브린너는 오히려 그 지역의 멋진 남성상을 부각하며 아카데미 주연상을 받기도 했다.

살짝 옆길로 새나가보자. 최근에도 여전히 유명한 백인 배우가 유색인종 배역을 맡고 있는데, 예를 들어 〈공각기동대〉에서 스칼렛 요한슨이, 〈닥터 스트레인지〉에서 틸다 스윈튼이 각각 일본인과 티베트인의 역할을 맡았다. 물론 유명한 배우를 출현시켜야 영화 흥행에 도움이 될 것이라는 것을 이해하지 못하

영화 〈공각기동대〉에서 일본인으로 분장한 스칼렛 요한슨

지는 않지만, 이는 할리우드에서 유색인종 배우가 설 자리를 점점 좁히는 원인으로 작용했다. 이를 '화이트워싱(whitewashing)'이라고 한다. 그래서 2016년 이래 #WhitewashedOUT(백인 배우가 아시아인 역할을 맡는 차별에 반대하는 운동)이 전개되고 있기도 하다. 문화도용이 인종 차별과 닿아 있는 한 지점이다.

아프리카 미국인, 이른바 흑인에 대한 차별이 문화도용으로 표현되는 현상도 있다. 블랙페이스 분장은 미국에서 1830년대 들어와 극장에서 유행하기 시작하여 1960년 흑인 인권운동으로 폐지되었다. 백인이 얼굴에 검은색을 칠하고 흑인처럼 행동함으로써 인종적 정형성을 풍자하는 것을 웃음의 포인트로 삼는 행위였다. 다른 국가나 인종의 문화를 풍자하는 것은 어찌 보면 흔한 일이다. 우리나라에서도 1970년대나 1980년대에 중국인이나 일본인 등의 말투나 관습을 우스꽝스럽게 따라 하는 것을 코미디의 소재로 삼았던 것을 기억한다. 그런데 이러한 소재의 개그는 더 이상 존재하지 않는다. 그 이유로 아마도 글로벌

블랙페이스 연기의 일인자 버트 윌리엄스

화된 현 시대에 외국인의 말투나 관습이 더 이상 낯설지 않게 되어 웃음의 포인트가 되지 않는 것도 있겠지만, 그보다는 다른 나라 또는 인종의 문화를 존중하고 그 차이점을 웃음거리의 소재로 보지 않으려는 배려에 기인하는 것 같다. 마치 우리가 노약자나 장애인을 배려하듯 한국말과 한국 관습에 서투른 외국인에 대해서도 배려하려는 자세를 갖추고 있는 것이다.

문화도용은 법적인 문제를 야기하기도 한다. 디즈니의 〈라이언 킹〉에 등장하여 유명한 어구가 된 '하쿠나 마타타'는 아프리카의 스와힐리어로 '걱정하지 마'라는 의미를 가졌다. 그런데 디즈니가 상표권을 등록함으로써 이 단어를 상업적으로 사용할 수 없게 했다. 이에 일부 아프리카 국가들의 국민은 아프리카 언어에 대한 독점권을 취소하라는 상표권 등록 취소 운동을 벌이고 있다. (참고로, 방탄소년단의 노래 〈상남자〉에는 다음과 같은 가사가 포함되어 있다: 대학까지도 너랑 간다면 참 잘 갈 것 같아 가나다라마바사아 하쿠나 마타타.)

영화 〈라이언 킹〉에 등장하는 '하쿠나 마타타'

영화 〈코코〉에서 '죽은 자의 날 축제' 이미지

상표권 등록을 통한 문화도용 문제는 2017년에 디즈니가 개봉한 또 다른 영화 〈코코〉에서도 나타났다. 디즈니는 이 영화에서 중요한 의미를 갖는 '죽은 자의 날 축제'도 상표권 등록을 시도했는데, 이번에는 중남미 이주민의 반발로 무산되었다고 한다.

한국 기업이 '삼바'나 '따봉' 같은 명사를 국내에서 상표권으로 등록한다면 이에 대해 우리는 별로 거부감을 갖지 않을 것이다. 그러나 만약 이러한 이름을 국제적인 상표권으로 등록한다면 어떨까? 이에 대해 우리는 다른 나라의 문화를 존중하고 배려하지 않았다고 자성할 준비가 되어 있을까?

3 타 문화에 대한 경의 또는 도용

사실 다른 집단의 문화에 경의를 표현하는 것과 그 문화를 도용하는 것을 구분하는 것이 쉽지는 않다. 최근에 불거진 논란을 살펴보자. 미국의 패션 브랜드인 '캐롤리나 헤레라'는 2020 크루즈 컬렉션에서 멕시코의 전통적인 색채와 자수 기법에 영감을 받은 의상들을 선보였다. 디자이너 캐롤리나 헤레라는 베네수엘라 출신의 세계적인 디자이너인데, 그녀는 자신이 남미

디자이너 캐롤리나 헤레라

출신인 것을 자랑스럽게 여긴다. 멕시코 고유의 전통적인 요소들과 멕시코 의상 장인들의 정성이 한땀한땀 깃든 기법에 경의를 표하기 위해 이번 작품들을 기획했다는 것이다.

여기까지만 보면 얼마나 아름다운 이야기인가! 한 나라의 전통적인 문양이 세계적인 디자이너의 손을 거치며 고급 브랜드로 재탄생하는 순간이 아닌가? 그런데 멕시코 정부의 입장은 달랐다. 멕시코 토착민의 문화적 권리가 침해되었다고 주장했다. 멕시코 한 지역의 전통적인 동물과 꽃 자수 문양에는 그 지역의 가족과 공동체의 정신이 깃들어 있는데, 이것을 허락 없이 도용했다는 것이다. 사실 이번 일이 처음은 아니라고 한다. 자라, 루이비통, 마이클 코어스 등 많은 의류 기업들이 과거에 멕시코 정부로부터 경고를 받았다고 한다.

멕시코의 전통적인 동물과 꽃 자수

이 이야기를 듣고 보니 그럴 수 있겠다는 생각이 든다. 만약 우리가 친근하게 여기는 문화적 문양인 삼족오(고구려 장군총에서 출토)를 외국의 판타지 애니메이션 영화에서 뜬금없이 외계인 캐릭터로 사용했다면 우리의 기분은 어떨까?

또 하나의 예를 살펴보자. 2019년 4월 고든 램지는 런던의 부촌에 '원조(authentic) 아시안 푸드'를 소개하는 식당을 개업했다. 1930년대 도쿄의 주점 분위기를 내고 와규를 재료로 사용한 음식을 선보였다. 전 세계적으로 인기를 모으고 있는 서구의 셰프가 정통 일식 요릿집을 열었으니 기대를 모으는 순간이었을 것이다.

고든 램지

그런데 이 식당을 방문한 비평가들은 혹평을 쏟아냈다. 일식인지 중식인지 구분이 안 가는 퓨전음식이 제공되었고, 아시아 퓨전음식이 나오는 나이트클럽과 유사하다는 것이다. 아시아권 문화와 음식에 대한 연구가 부족한 상태에서 '원조'라는 이름을 붙인 것에 대한 비난이었다. 사실 일본인이라면 별로 기분이 좋지 않았을 것이라고 짐작할 수 있다. 만약 '원조'라는 이름을 붙이지 않았으면 어땠을까? 그래도 기분은 안 좋았을 것 같다.

사실 우리는 우리나라의 전통적 문화요소가 여러 형태의 현대적 콘텐츠에 적용되는 사례를 종종 보아왔다. 우리의 한글 자모가 의상 디자인에 적용되었거나, 우리의 국악 요소가 현대 음악과 접합되었거나, 또는 우리의 전통음식(예를 들어 김치)이 외국음식과 어울려 퓨전 메뉴로 탄생한 사례 등을 많이 알고 있다. 이에 대해 우리는 별로 거부감을 느끼지 않았고, 특히 세계적인 디자이너, 작곡가 또는 요리사에 의해 이러한 작업이 이루어지는 경우 오히려 자랑스럽게 여겼던 것 같다.

2011년 뉴욕 패션위크에 등장한 한국의 갓: 캐롤리나 헤레라 디자인

물론 지금까지 우리가 접한 디자이너, 작곡가 또는 요리사들이 다행스럽게도 우리 문화에 대한 경의를 충분히 보여주었고, 예의바르게 행동했으며, 거부감을 일으키지 않는 방식으로 우리의 전통 콘텐츠를 그들의 예술에 녹여냈을 수도 있다. 그러나 만약 지금까지 거부감을 갖지 않은 이유가 단지 멕시코 정부 또는 식당 비평가들보다 문화도용에 대한 감수성이 약해서였다면 슬픈 일이 아닐 수 없다. 1980년대까지만 해도 우리는 수출을 늘리고 외국인의 투자를 받기 위해 총력을 기울여왔고, 그 과정에서 우리나라를 잘 알지 못하는 외국인에게 우리를 알리기 위해 무던 애를 썼다. 1988년은 올림픽을 통해 우리를 세계에 알린 결정적인 시점이었다. 이제 우리의 과제는 우리의 문화를 '제대로' 알리기 위해 힘써야 하는 것이 아닐까?

4 문화도용의 시사점

그렇다고 해서 한 사회의 문화가 조금이라도 '오염된' 형태로 이용되는 것을 눈에 불을 켜고 감시해야 한다는 것은 아니다. 원형 그대로의 문화도 가치가 있지만, 새로운 해석으로 재탄생한 문화도 충분히 가치가 있다. 문화는 융합을 기반으로 전파된다. 예를 들어 한류가 전파될 때 외국인의 정서와 결합하는 요소가 없었다면, 즉 인류 보편적인 사랑, 소외, 고민 등의 요소가 외국인의 공감을 바탕으로 그들의 일상에 결합하지 못했다면 오늘날과 같은 한류의 유행이 가능하지 않았을 것이다(방탄소년단의 가사에 공감하는 남미 청소년을 보라). 우리에게만 익숙한 지극히 한국적인 정서만으로 무장한 문화는 다른 문화집단의 공감을 얻기 어려울 것이다.

여기에서 문화전파, 문화융합 그리고 문화도용이 혼재된 회색지대가 존재한다. 한 집단의 문화적 요소가 다른 집단에서

방탄소년단

발견될 때 어떤 경우에는 문화전파, 어떤 경우에는 문화융합, 그리고 어떤 경우에는 문화도용으로 여겨진다. 그 판단기준은 많은 경우 모호하다. 해당 문화적 요소를 이용하는 사람이 누구인가(자국인인가, 외국인인가), 어떤 태도로 이용하는가(충분한 배려와 존중을 하는가), 창의적으로 이용하는가(충분히 예술로 승화했는가), 이용하는 의도가 무엇인가(상업적 목적만을 추구했는가) 등 복잡한 고차원방정식에 의해 문화전파, 문화융합 그리고 문화도용이 판별되는 듯하다. 이것은 쉬운 작업이 아니다. 그러나 분명한 것은 문화도용 개념이 문화에 대한 우리 삶의 질을 한 단계 높여주리라는 것이다. 우리 문화에 대한 자부심과 타문화에 대한 존중과 배려가 문화도용 개념이 우리에게 던지는 교훈이다.

인스타그래머블

(instagrammable)

김민정

1 인스타그래머블 시대

미세먼지가 걷히고 오랜만에 보는 맑고 화창한 날씨에 길을 가던 여자가 갑자기 걸음을 멈추고 핸드폰을 꺼내 하늘을 찍는다. '인스타그래머블'한 하늘이다. 최근에는 어디를 가나 '인스타그래머블'이 화제다. 인스타그래머블이란 사진 공유 SNS인 인스타그램(instagram)과 '할 수 있는'이라는 뜻을 가진 영단어 able의 합성어로, '인스타그램에 올릴 만한' 무엇을 의미한다. SNS에 보여주기를 즐기는 젊은 층의 문화에 맞춰 인스타그램에 올릴 만한지 여부가 소비와 행위의 기준이 되고 있다.

인스타그램 맛집으로 인정받기 위해서는 단순히 음식의 맛뿐만 아니라 먹음직스러운 외관, 사진이 잘 나올 수 있을 만한 공간의 분위기도 갖춰야 한다. 이처럼 소비자가 SNS에 올린 사진들이 소비 트렌드의 지표가 되면서 인스타그래머블이 글로벌 마케팅의 중요한 키워드로 떠오르고 있다. 인스타그래머블은 여행, 쇼핑, 전시 등 다양한 업계에서도 빠질 수 없는 키워드가 되고 있는데, 호텔업계는 고급시설을 갖춘 '인생샷' 스팟을 마련하고, 전시업계는 작품을 배경으로 '인증샷'을 찍을 수 있는 포토존을 기획하는 식이다.

어딜 가나 흔히 볼 수 있는 식사 전 음식 촬영

왜 이렇게 다방면으로 인스타그램의 열풍이 거셀까? 그 이유는 확대된 문화소비의 주역이자 인스타그램의 주된 이용자층이기도 한 10대 청소년과 20~30대를 아우르는 젊은이들에게 있다. 그들은 자신의 경험과 만족을 중시하며, 준비된 내일을 살아가기보다는 오늘의 순간을 위해 살아간다. 경제난은 그들의 직관적인 선택과 즉흥적인 성향에 영향을 미쳤다.

오늘날의 경제난은 온 국민이 '금 모으기 운동' 등 자발적인 대국민 운동을 하며 극복했던 1990년대 말 IMF 사태 같은 예전과는 사뭇 다르다. 오늘이 조금 힘들더라도 열심히 준비하고 성실하게 살면 마침내 역경을 극복하여 행복한 내일을 꿈꿀 수 있는 시대가 더 이상 아니다. 천정부지로 치솟는 집값에 한평생 일해도 도심에서 자신과 가족이 살 보금자리 마련은 그야말로 '꿈'이 되어버렸다. 이러한 현실 속에서 오늘날의 젊은이들은 내 손에 닿을 수 있는 순간의 행복에 집중한다. 비싼 차나 집은 꿈도 못 꾸겠지만 고급호텔에서 호캉스쯤은, 호텔에서 파는 몇만 원짜리 빙수는, 고급진 레스토랑의 식사 한 끼는 그들이 누릴 수 있는 오늘의 호사이자 사치다. 이러한 호사를 그저 하룻밤 꿈처럼 날려버리면 얼마나 아까운가. 잊지 못할 오늘의 이 영롱한 순간을 일기 쓰듯 기록도 하고, 소감도 남기고, '나 이렇게 이만큼 누리면서 잘살고 있다'고 자랑도 좀 하고, 기왕지사 자랑한 김에 사람들이 공감해주고 반응해주면 일석이조다. 이 모든 것을 한 번에 효과적으로 할 수 있는 가상의 공간이 인스타그램인 셈이다.

오늘날의 젊은 층에게 인스타그램은 단순한 SNS 그 이상의 의미를 갖는다. 그들은 인스타그램을 통해 소통을 위한 메신저, 정보검색을 위한 검색창, 다른 사람들의 삶을 들여다보는 호기심 충족, 자기표현을 위한 가상의 공간, 새로운 친구를 만나는 가상의 놀이터 등 다양한 욕구를 동시에 충족시킨다. 인스타그램에는 해시태그, 댓글 달기, 좋아요, 다이렉트 메시지 등 비교적 간단하고 직관적인 커뮤니케이션을 가능하게 하는 특징적 기능들이 있다. 인스타그램 이용자는 이미지 편집에 특화된 기능뿐만 아니라 타인과 쉽게 소통할 수 있는 이러한 기능들을 활용해 자신의 경험을 직간접적으로 표현하고 타인과 공유한다. 의도한 대로 자신을 연출하고 표현하는 것이 가능하기 때문에 인스타그램은 그들의 일상에 깊숙이 스며들어 있다.

또한, 모바일 환경에 최적화된 인스타그램의 UX(User Experience) 디자인은 기존의 어떤 SNS보다 직관적이고 빠르며, 이용자의 성향과 동기를 포괄하는 스펙트럼이 넓고 다양하다. 가령 나르시시즘이 있는 자기과시형 인스타그램 이용자는 본인의 셀피를 '공개 계정'으로 설정하여 되도록 많은 '해시태그'로 노출빈도수를 높일 수 있다. 반면, 셀피는 올리고 싶지만 타인의 반응이 내심 신경 쓰일 것 같은 내현적 나르시시즘 성향의 이용자일 경우는 비공개나 본인의 팔로워만 볼 수 있게 계정을 설정하고, '좋아요' 혹은 '댓글' 기능을 비활성화시킬 수도 있다.

인스타그램이 밝힌 바에 따르면, 국내 인스타그램 이용 연령층은 비교적 고른 편이다. 앞서 언급했듯이 그중에서도 18~24세, 25~34세 집단에서 각각 57%, 54%로 가장 높았으며, 이들은 하루에 여러 차례 인스타그램을 이용한다고 답했다. 국내 인스타그램 이용자는 인스타그램을 이용해 주로 소통, 검색, 쇼핑을 하며, 가장 높은 관심을 보인 분야는 여행(54%), 영화(50%), 패션(46%), 음악(43%), 뷰티(34%), 식음료(32%) 순이었다.

2019년 현재 10대인 Z세대(1990년대 중반에서 2000년대 중반까지 출생한 세대)는 태블릿 PC나 스마트폰으로 유튜브를 보며 자란 전형적인 디지털 시대의 신인류이며, 태어날 때부터 수많은 디지털 콘텐츠에 둘러싸인 환경에서 자랐다. 2030 밀레니얼 세대(1980~2000년대 초반에 출생한 세대)는 인스타그램에 입문하기까지 싸이월드, 트위터, 페이스북을 지나온 '도토리 감성'의 소유자들로, Z세대보다는 아날로그적 감성을 가진 '디지털 노마드(digital nomad)'*라고 할 수 있다. 이들은 과감해진 소비력만큼이나 여러 업계에서 소비의 주된 고객층으로 주목받고 있다. 그렇기 때문에 이들 세대에 대한 명확한 이해와 분석은 다양한 산업분야의 성패로 연결되고, 인스타그램은 이들을 타깃으로 한 마케팅 전략의 중심에 있다. 관심이 돈이 되고, 돈이 곧 관심이 되는 시대에 인스타그램 속 그들이 사는 세상을 산업별

* 일과 주거에 있어 유목민(nomad)처럼 자유롭게 이동하면서도 창조적인 사고방식을 갖춘 사람들을 뜻한다. 이전의 유목민이 집시나 사회 주변부의 문제 있는 사람들로 간주된 반면, 디지털 노마드는 스마트폰과 태블릿 같은 디지털 장비를 활용하여 정보를 끊임없이 활용하고 생산하면서 디지털 시대의 대표적인 인간 유형으로 인식되고 있다. 프랑스 사회학자 자크 아탈리가 그의 저서 《21세기 사전》에서 "21세기는 디지털 장비를 갖고 떠도는 디지털 노마드의 시대"라고 규정하면서 본격적으로 쓰이게 되었다. 출처: 한경 경제용어사전.

로 들여다보고, 우리에게 시사하는 바가 무엇인지 차례로 살펴보기로 하자.

2 '인생샷' 찍으러 전시회 가자

많은 사람들에게 인스타그램 업로드가 일상이 되면서 관람객의 문화·예술 소비활동에 대한 경험과 관람 행위도 달라지고 있다. 단순히 작품을 감상하고 영감을 받는 데서 그치는 것이 아니라 전시를 보고 전시 전경이나 작품과 함께 셀카를 찍고 SNS에서 공유하는 것까지가 디지털미디어 시대의 예술 감상 행위가 되었다. 공연이나 음악회와 달리 전시회는 시각적 게시물을 남길 수 있다는 점에서 인스타그램을 이용하는 관람객 층에게 더욱 적합하고 유용한 형태의 문화예술 활동이라고 볼 수 있다. 인스타그램 이용자가 늘어나고, 그에 따른 파급력이 확산되면서 기업의 이벤트성 브랜드 전시를 비롯해 전통적인 형태의 미술관에 이르기까지 미술계 전반적으로 이러한 사회적·문화적 흐름을 반영하고 있다.

특히, 2015년 이후 인스타그램의 영향력이 커지면서 본격적으로 사진 촬영에 대한 정책이 변하고 있다. 대부분의 미술관과 전시는 저작권과 빛에 민감한 미술 작품을 보호하기 위해 사진 촬영을 엄격히 금지해왔다. 그러나 최근에는 사진 촬영을 권장하는 문구를 곳곳에 붙이고, 사진을 찍기에 적합한 형태의 작품으로 전시를 구성하며, 포토존을 포함하기도 한다. 나아가 기획 과정에서부터 인스타그램 이용자가 공유할 사진을 염두에 두어 작품과 전시공간을 구성하고, 홍보와 마케팅, 관람객 개발 등에도 인스타그램과 이용자를 적극적으로 활용하여 상업적인 효과

쿠사마 야요이의 전시 전경

를 극대화한다. 이렇게 미술관은 관람객으로 하여금 전시 관련 이미지들을 생성하도록 장려하여 인스타그램을 통한 직간접적인 홍보효과를 유도한다. 작가들도 관람객이 미술 작품을 만드는 데 참여하게 하거나 밝은 색상의 조명과 여러 가지 장치를 동원하여 사진 촬영하기에 좋은 환경을 만들어낸다.

일본의 대표적인 작가 쿠사마 야요이의 전시는 인스타그래머들을 위한 관객 체험형 전시의 좋은 예다. 관람객은 벽과 가구를 포함한 모든 것이 흰색으로 둘러싸인 방에서 원하는 곳에 색색의 스티커를 붙일 수 있는데, 시간이 지날수록, 전시를 본 관람객이 많아질수록 방은 총천연색으로 뒤덮인다. 관람객은 이렇게 자신이 관람하거나 참여한 전시에 몰입하게 되며, 자신이 체험한 전시 관람 경험을 사진으로 찍어 인스타그램에 공유한다. 좋은 전시의 판단 기준이 유명한 작가나 전시의 완성도가 아니라 '인스타 명소'가 될 수 있는 전시가 '힙한 전시'가 되는 것이고, 곧 전시 성공의 키워드다.

이렇듯 인스타그램은 수동적인 방관자에서 적극적인 참여자로 변화한 오늘날의 관람객에게 전시 관람 행위의 장이 되고 있다. 인스타그램 이용자는 미술관 계정을 팔로우하여 전시회와 관련한 정보를 습득하고, '다이렉트 메시지'나 댓글을 통해 다른 관람객 혹은 관심 작가와 소통한다. 인스타그램 이용자는 '전시회 인증샷'에 '#(해시태그)'를 붙여 텍스트와 이미지를 노출하고, 이러한 형태로 그들의 전시 관람 경험을 타인과 공유한다. '좋아요'를 많이 받은 인기가 높은 전시는 해시태그나 이미지 수도 많기 때문에 제공되는 정보의 양도 그만큼 많아진다. 이렇게 인스타그램에 올려진 사진들은 또 다른 관람객을 불러 모으며 전시에 대한 여론이 형성된다. 오늘날의 전시 비평은 신문, 잡지 등의 전통적인 매체나 비평가들이 아닌, SNS를 중심으로 한 대중의 비판이 영향력을 발휘하고 있다. 디지털 시대에는 전시 관람의 중심이 미술관의 작품에서 관람객의 체험으로 옮겨가면서 기존의 예술 작품(art object)이 사회적 작품(social object)으로 거듭나고 있다.

관람객에게 '인스타 갬성'을 어필할 수 있는 전시 콘텐츠와 전시 전경이 중요해지면서 최근에는 아예 인스타그래머를 겨냥한 듯한 전시가 점점 늘어나는 추세다. 포토존에서부터 체험형 전시, 미디어 파사드, 몰입형 미디어 아트에 이르기까지 전시 기획단계에서부터 '인증샷' 문화를 매개로 하여 관람객이 전시를 자유롭게 관람할 수 있는 분위기를 조성한다. 물론, 이러한 전시들은 보수적이고 전통적인 기관에서 하는 어렵고 딱딱한 전시와는 결이 다르지만, 관람객은 전시 콘텐츠를 재미있고 수월하게 즐기며 예술을 접할 수 있고, 전시 주최 측에는 관람객 집객에 효과적이라는 측면에서 무시할 수 없는 대세임이 분명하다.

최근 전시 업계에 핫하게 떠오른 몰입형 미디어 아트는 다른 어느 장소보다 화려한 콘텐츠를 제공함으로써 인스타그래머들에게 각광받고 있는 새로운 전시 장르다. 일반적으로 미디어를 활용하는 것은 공간이나 작품 구성에 일부 포함하는 경우가 많은데, 미디어를 활용하면 몰입감도 높아지고 사진이나 동영상 촬영에 효과적이라는 장점이 있다. 몰입형 미디어 아트는 전시 관람에 필요한 시각적 요소, 즉 미디어를 이용해 관람객의 몰입도를 최대한으로 끌어올리고, 여기에 음악을 틀거나 향기를 주입하여 전시를 오감으로 체험하게 한다.

관람객은 몰입형 미디어 아트 전시를 통해 전시장을 놀이터 삼아 예술을 가지고 노는 듯한 체험을 할 수 있다. 이해나 집중력을 필요로 하지 않고, 전시장의 콘텐츠 자체를 오감으로 즐김으로써 마치 테마파크에 온 듯한 느낌을 받을 수 있다. 무엇보다 시각적으로 사진이든, 동영상이든 어디에서 찍어도 매력적인 분위기를 연출할 수 있기 때문에 인스타그래머들에게 전시장은 적격인 놀이터인 셈이다. 오감으로 즐긴 전시 관람 후의 여운은 온라인 놀이터인 인스타그램으로 이동하여 이미지와 텍스트, 그리고 빠질 수 없는 '해시태그'로 마무리된다. '백문이 불여일견'이라 했다. 최근 인스타그래머블한 전시로 화제가 되고 있는 몰입형 미디어 아트 전시의 사례를 살펴보자.

빈센트 반 고흐를 만나다

'전 세계를 순회하고 있는 관객 몰입형 전시'라는 극찬과 함께 '테마 엔터테인먼트 업계의 아카데미상'이라고도 불리는 세계 테마 엔터테인먼트협회의 '테아 상(Thea Awards)'을 수상한 〈빈센트 반 고흐를 만나다〉전은 2016년 중국 베이징, 2019년 3월 스페인 바르셀로나에 이어 우리나라가 세 번째다. 국내에서는 평균적으로 평일 500명, 주말 900명의 관람객이 전시회장을 방문했다. 전시는 반 고흐의 작품이 아닌, '인간 빈센트 반 고흐'와 그의 일생을 주제로 한 관객 참여형 체험 전시다. 해외를 투어하

인스타그램을 마케팅에 적극 활용한 〈빈센트 반 고흐를 만나다〉 전시 [출처: 신한카드]

는 블록버스터급 전시를 보면 국내외의 전시 트렌드를 한눈에 읽을 수 있는데, 인스타그램은 글로벌 전시 업계에서도 핫한 이슈임이 분명하다.

이번 전시는 전시의 규모만큼이나 신한카드, 벅스뮤직, LG전자, 남대문 메리어트호텔 등 다양한 기업과 컬래버레이션하여 이벤트를 진행했다. 진행하는 이벤트는 마케팅에 인스타그램을 충실하게 활용했는데, 첫 번째는 관람 중 인스타그램에 반 고흐 스티커와 함께 인증샷과 태그를 업로드하면 이벤트에 자동 응모된다. 두 번째는 컬래버레이션을 진행하는 업체 이름과 전시 이름을 함께 해시태그 하여 전시 인증샷과 함께 인스타그램에 업로드하면 추첨을 통해 전시장에서 판매하고 있는 기념품을 증정한다. 해당 기념품은 네덜란드 암스테르담의 반 고흐 뮤지엄에서 판매하고 있는 원품으로, 일반적인 기념품보다 더욱 가치가 있다. 마지막으로는 인스타그램에서 반 고흐를 콘텐츠로 하여 활발하게 활동하는 미술 인플루언서 '김고흐'가 컬래버레이션 아티스트로 참여하여 전시장 내에서 반 고흐의 작품이 완성되는 퍼포먼스를 열었다. 함께한 관람객이 전시장에 마련된 디지털 기기로 그림을 그려 완성된 작품을 인스타그램에 업로드하면 추첨을 통해 상품을 증정하는 이벤트도 뜨거운 호응을 얻으며 성공적으로 마무리되었다.

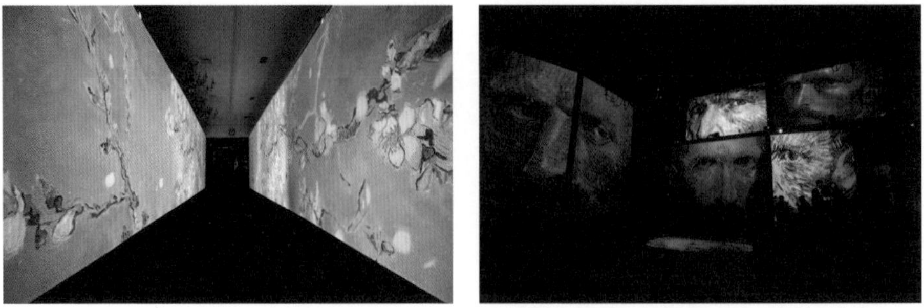

사진 및 동영상 촬영에 적격인 〈빈센트 반 고흐를 만나다〉 전시 전경

〈빈센트 반 고흐를 만나다〉전을 위해 한국을 찾은 빈센트 반 고흐의 증조카이자 전시 기획자 윌렘 반 고흐가 전시를 열게 된 소감과 기획 과정을 밝힌 인터뷰에 따르면, 그는 이번 전시가 빈센트의 인생과 작품에 관심이 더욱 커져가는 세계적인 추세를 반영했다고 밝혔다. 반 고흐 미술관의 소장품들은 손상되기 쉬워 미술관 외부로의 반출이 극히 제한되어 있기 때문에 이번 전시는 그 한계를 극복해 빈센트의 삶과 작품에 다가갈 수 있는 새로운 접근 방법을 제시한다고 말했다. 또한, 윌렘 반 고흐는 서울 전시에서는 특별히 시각, 촉각, 청각을 동원한 체험에 신경을 썼으며, 교육적인 부분과 유희적인 부분이 조화를 이루는 에듀테인먼트적 요소를 갖춘 체험 전시가 되도록 기획했다고 밝혔다.

윌렘 반 고흐의 말처럼 전시장은 꽤나 넓은 규모의 긴 동선에도 불구하고 지루할 틈이 없었다. '놀면서 배우는 느낌'이랄까. 전시장은 내용의 흐름에 따라 분리된 여러 개의 아카이브로 구성되어 있고, 관객의 전시 관람 동선은 각각의 아카이브를 지나게 된다. 분리된 아카이브의 벽면은 모두 디지털로 작품을 재현하고 있는데, 전시장 입구부터 출구까지 미디어가 상영되고 있는 벽면을 배경으로 사진을 찍는 관람객이 가득하다. 화려하게 발광하는 디지털 벽면으로 둘러싸인 아카이브는 사진 촬영을 위한 별개의 콘셉트를 가진 암실 같은 역할을 하고 있다. 언제 어디서 찍어도 고해상도의 영상이 재현되는 벽면은 그야말로 '인스타그래머블'한 이미지 혹은 동영상을 촬영하기에 적격이며, 전시장 전체가 인스타그래머블한 포토존을 제공하고 있는 셈이다.

빛의 벙커: 클림트

세계적으로 화제가 되고 있는 몰입형 미디어 아트의 중심에는 아미엑스(AMIEX)가 있다. 아미엑스는 '예술 & 음악 몰입형 체험(Art & Music Immersive Experience)'의 줄임말로, 프로젝션 매핑 기술과 음향을 활용한 전시 영상이 관람자의 온몸을 에워싸도록 투사하는 기술로 탄생한 새로운 장르를 말한다. 100여 개의 프로젝터와 수십 개의 스피커가 변화하는 이미지와 음악을 천장과 벽, 바닥의 경계 없이 투사하여 관람객의 오감을 자극하며, 완벽한 몰입감을 제공한다. 아미엑스 프로젝트는 2012년 프랑스 남부 레보드프로방스 지역의 폐채석장에서 '빛의 채석장'이 첫선을 보인 후 큰 성공을 거두면서 프랑스 외 다른 나라에서는 우리나라의 제주도가 처음이다. 그러나 이미 프랑스에서 전시를 본 사람들의 인스타그램 후기를 통해 많은 사람들에게 알려져 있어 개최하기 전부터 큰 기대를 모았다.

아미엑스가 화제가 되는 또 다른 이유는 공간에 있다. 아미엑스의 전시장이 되는 공간은 일반적인 미술관의 화이트 큐브가 아닌, 산업화로 도태되어 쓸모가 없어진 채석장, 벙커 같은 역사적 특수성을 지닌 공간이다. 〈빛의 벙커〉로 새 생명을 얻은 국내의 전시장은 KT가 1990년 국가 기간 통신망을 운용하기 위해 제주도에 설치한 시설로, 당초 해저 광케이블을 관리하던 곳

프랑스 〈빛의 채석장〉 전시 전경

이었으나 20년 넘게 방치되어온 지하 벙커다. 축구장 절반 정도인 약 3,000m^2(900평) 면적에 높이가 5.5m에 달하는 넓은 전시 공간은 외부의 빛과 소리가 완벽히 차단되어 전시장 어디에서도 멋진 사진을 찍을 수 있으며, 작품도 향유할 수 있다. 관람객은 전시장에 들어서면 온몸을 휘감는 미디어 아트 속에서 마치 작품의 일부가 된 듯한 느낌을 받으며, 오감을 통해 클림트의 걸작들이 깨어나는 듯한 환상적인 체험을 하게 된다.

인스타그램을 통해 프랑스에서의 첫 전시부터 자연스럽게 알려진 만큼 제주의 〈빛의 벙커〉 전시에서는 인증샷 이벤트 '나의 벙커 사진전'을 진행했다. 이벤트 참여방법은 전시장에서 찍은 인증샷에 해시태그 3개(#나의 벙커 #빛의 벙커 #빛의 벙커_클림트)를 달아 자신의 SNS(페이스북, 인스타그램)에 업로드하면 된다. 추첨을 통해 선정된 당첨자에게는 제주 왕복 항공권과 제주 호텔 1박 숙박권 등 다양한 선물과 함께 〈빛의 벙커〉 초대권도 증정하는 이벤트를 열었다.

이벤트에서 인스타그램의 가장 특징적인 기능 중 하나인 해시태그를 적극 이용한 점이 눈에 띈다. 인증샷과 함께 해시태그 3개를 한 번에 올리게 함으로써 전시 관련 키워드의 노출 범위를 최대한으로 넓히려는 시도였다. 미디어 아트 전시의 인스타그램 이벤트는 관람객에게 사진 촬영을 하고 싶게 만드는 전시장에서 인증샷의 형태로 생산된 전시 관람 경험을 손쉽게 키워드 몇 개로 큐레이션하게 하여 검색, 후기 작성, 홍보 등의 다양한 효과를 꾀하는 매우 효과적인 전략이다.

이러한 형태의 미디어 아트 전시들이 왜 전 세계적으로 인기를 끌고 있을까? 이런 전시들은 인스타그램과 어떤 연관이 있을까? 필자가 생각하는 답은 '유동성'에 있다. 미디어 아트 전시는 첫째, 전시의 핵심이 되는 콘텐츠의 이동이 용이하다. 미디어 아트 전시에서는 미디어 영상 콘텐츠가 전시에 사용될 작품이기 때문에 작품 운송에 따르는 운송료, 보험료, 인건비 등의 문제에서 비용 절감이 가능하다.

둘째, 일반적인 작품에 비해 공간의 구애를 덜 받는다. 습도나 온도에 민감하지 않고, 미디어를 재현할 수 있는 공간을 자유롭게 구성하면 되기 때문이다. 프랑스의 채석장 동굴이나 제주도의 지하 벙커가 전시장이 될 수 있었던 이유이기도 하다.

셋째, 예상치 못한 변수에 기민하게 반응할 수 있다. 예를 들어, 전시장에서 작품이 훼손될 경우 작품의 복구·복원으로 인해 전시 종료일이 앞당겨지거나 훼손 작품에 대한 대체가 불가능할 수 있다. 그러나 미디어 아트의 경우에는 작품의 직접적인 훼손이라는 것 자체가 없고 기계적인 결함이 있을 경우에는 빠른 수리와 대체재 투입이 가능하다는 장점이 있다.

마지막으로, 인스타그램 마케팅에 매우 효과적이다. 전시장 전체가 사진 촬영에 매우 적합한 환경을 제공하기 때문에 관객을 모으는 데 매우 효과적이며, 따로 적극적인 온라인 마케팅을 펼치지 않아도 된다는 장점이 있다. 높은 몰입감을 줄 수 있는 내용과 흥미를 유발하는 전시 콘텐츠는 남녀노소를 불문하고 관람객의 연령이나 성별에 크게 제한이 없다.

3 눈으로 즐기는 다이닝: #먹스타그램

고급호텔은 인스타그래머들이 레스토랑에 이어 가장 애정하는 공간 중 하나일 것이다. 호텔이 갖는 고급스러운 이미지는 나르시시즘 성향이 강한 매체인 인스타그램에서 자신의 고고한 일상을 보여주기에 적합한 배경을 제공한다. 실제로 한 연구에 따르면, 인스타그램 이용자는 스스로를 더 멋있고, 화려하고, 풍요롭게 보이게 하는 일종의 과시적인 자기표현 공간으로 호텔을 방문하는 것으로 밝혀졌다.

인스타그램에서 고급호텔명을 검색하면 수많은 해시태그가 뜨는데, 이러한 게시물들의 공통점이 있다. 게시물에 호텔 이름을 명확히 태그했고, '호캉스', '휴식', '일상', '행복' 같은 소소한 감성의 해시태그를 덧붙임으로써 보는 이로 하여금 미묘한 느낌이 들게 한다. '이렇게 비싼 고급호텔에서 식사를 하는 게 일상이라고? 엄청 잘사나 보다', '아… 이 사람은 휴가를 해외로 안 가고 국내 호텔에서 보내는구나. 이렇게 휴식하고 있구나' 등등. 이들은 호텔명을 정확하게 게시함으로써 '호텔'이라는 공간을 상품이나 브랜드로 소비하고 있다는 것을 전면에 드러낸다. 또한, 해시태그를 통해 본인의 감정 혹은 감성을 게시물에 녹여냄으로써 자신을 과시하고 표현한다. 즉, 인스타그래머들은 공간이나 서비스 자체를 즐기는 것이 아니라 고가의 브랜드로 호

신라호텔 1층 라운지 '더라이브러리'의 애플망고빙수 [출처: 신라호텔]
*해당 이미지는 참고용이며, 실제와 다를 수 있음

텔 상품을 소비하고 있다.

인스타그램이 가장 애정하는 콘텐츠인 음식과 호텔이 만났다. 바로 호텔 외식업이다. 그 유명한 '망빙'을 들어는 봤는가. 2030세대 여성들에게 인기 있는 디저트 메뉴인 망고빙수다. 망고빙수의 원조는 신라호텔 1층 라운지 '더라이브러리'에서 판매하는 애플망고빙수다. 신라호텔 애플망고빙수의 인기는 인스타그램의 #먹스타그램과 연관이 깊다. 신라호텔에서 애플망고를 새로운 디저트 메뉴로 출시한 2017~2018년 당시 인스타그램에서 가장 유행한 콘텐츠가 음식 사진이었고, 이를 계기로 애플망고빙수는 신라호텔의 시그니처 디저트가 되었다.

빙수 가격은 2019년 기준 무려 5만 4천 원으로, 서울 특급 호텔 중식당 중 가장 맛있다고 소문난 신라호텔 중식당 '팔선'의 2만 5천 원짜리 자장면 한 그릇 가격보다 두 배 이상 비싸다. 어마무시한 가격에도 불구하고 애플망고빙수는 높은 매출을 기록하며, 여전히 젊은 여성층에게 인기가 많다. 그릇에 노오랗고 탐스러운 애플망고가 산처럼 쌓여 있는 빙수는 세련된 실버 트레이에 곱게 플레이팅 되어 사진을 대충 찍어도 어여삐 나오지 않을 수 없다. 친구들과 밥 대신 삼삼오오 망고빙수를 먹고 나서 바로 옆 호텔 로비에 있는 박선기 작가의 설치 작품 앞에서 찍는 '인생샷'은 필수 코스다. 실제로 인스타그램에서 #더라이브러리를 검색하면 1만 8천 개가 넘는 사진이 뜬다. 이 수많은 사진을 제대로 보지 않고 손가락으로 스크롤을 빠르게 넘겨봐도 대부분 망고빙수와 포토존이 설치된 작품 앞에서 찍은 사진들이다. 이렇듯 먹음직스러울 뿐만 아니라 고급스러운 음식의 모양과 특급호텔이라는 브랜드 이미지, 소비를 과시할 수 있는 온라인 공간까지 삼박자가 더해져 신라호텔의 애플망고빙수는 브랜드화에 성공했다.

매년 3~4월이 되면, 봄을 앞두고 특급호텔에서는 제철 딸기를 다양하게 맛볼 수 있는 '딸기 뷔페'를 선보인다. 말 그대로 딸기를 재료로 하여 만든 수십 가지 종류의 디저트를 뷔페로 즐길 수 있다. 식재료가 딸기인 만큼 메인 식사보다는 디저트에 집중되어 있지만, 역시나 화려한 플레이팅과 예쁜 음식 사진을 찍으려는 젊은 여성층에게 인기가 높다. 그 때문에 인터콘티넨탈, 롯데, JW 메리어트, 워커힐, 반얀트리 등 서울의 특급호텔들은 해마다 메뉴와 볼거리를 업그레이드하여 인스타그래머들을 공략한다.

딸기 뷔페 '베리 베리 스트로베리(Very Berry Strawberry)' [출처: 워커힐 호텔앤리조트]

특히, 워커힐 호텔의 딸기 뷔페는 호텔 딸기 뷔페 중에서도 '인스타그래머블'한 디저트 놀이 동산과 같은 데코레이션으로 가장 인기가 높다. 처음 선보인 이후로, 해마다 많은 고객의 큰 사랑을 받았으며 신선한 딸기 음식 메뉴를 비롯하여, 식사 대용으로 즐길 수 있는 40여 종 이상의 다양한 메뉴를 선보인다.

장소가 호텔인 만큼 가격은 결코 저렴하지 않다. 평균적으로 5만 8천 원이고, 가장 비싼 곳은 워커힐호텔로 6만 8천 원이지만, 주말에는 예약하기 어려울 정도로 인기가 많다. 같은 호텔의 레스토랑에서 먹는 식사 가격을 감안하면, 누군가에게는 신라호텔의 빙수만큼이나 터무니없이 비싼 가격일 수 있다. 그러나 인스타그래머들에게는 한 끼 식사를 해결할 가격이 아니라 오늘 하루 나의 인스타그램을 책임질 수 있는 콘텐츠라고 생각하면 아깝지 않을 수 있다. 순간의 나를 빛나게 해줄 특색 있고 고급스럽게 세팅된 배경과 공간을 생각하면 기꺼이 지갑을 열 사람들이 많기에 특급호텔들이 이렇게 발 벗고 나서서 딸기 뷔페를 하는 것 아닐까.

보기 좋은 떡이 맛도 좋다고 했다. 잘 나온 한 장의 사진이 마케팅과 직결된다는 것을 깨달은 셰프들은 보기에 좋은 떡을 만드는 데 심혈을 기울인다. 식기구, 플레이팅, 매장의 인테리어까지 신경을 써서 음식의 맛과 음식점의 분위기를 이미지 한 장에 담아내려고 노력한다. 사람들은 음식을 먹기 전에 의식적으로 갓 플레이팅 된 음식 사진을 찍는다. 음식이 나오면 포크를 들기 전에 "먹어도 될까? 사진 안 찍어?"라는 질문은 배려 있는 매너가 되었다. 심지어 음식을 먹는 와중에도 사진을 찍는 시대다. #먹스타그램이 대중화된 이 시점에서 사진 촬영은 결코 무시할 수 없는, 즉각적으로 확인할 수 있는 고객의 반응이다.

인스타그램의 문법에 맞는 레스토랑의 음식과 인테리어는

첫째도 둘째도 카메라에 잘 담겨야 한다. 압구정동에 위치한 '이타카'는 인스타그램 매뉴얼의 정석을 보여준 레스토랑이다. 이타카의 인테리어는 시공단계부터 '인스타그래머블'을 염두에 두고 공간을 설계했다고 한다. 레스토랑 전면부에 통유리를 설치하고 오픈 키친까지 레스토랑 전체가 카메라 프레임에 담기도록 설계했다. 또한, 고객이 인증샷을 찍을 수 있도록 공간의 디테일에 신경을 썼다. 전시회에서 작품에 쏘는 핀 조명을 테이블마다 설치해 음식에 빛이 바로 떨어지도록 하여 음식 사진을 찍을 때 '항공샷'을 찍어도 그림자가 지지 않도록 했다. 또한, 레스토랑 구석구석에 간접조명을 설치하여 분위기를 연출했다. 인스타그램의 문법에 충실한 결과, 이타카는 1년도 되지 않아 맛집으로 인정받았다.

4 인스타그래머블의 빛과 그림자

사진에 속고, 광고에 속고…

오랜만에 특별한 날을 기념하기 위해 멋들어지게 차려입고 핫하다는 레스토랑을 찾은 커플은 주문한 음식을 보고 당황한 기색이 역력했다. 인스타그램에서 음식의 이미지와 레스토랑의 분위기, 사람들의 댓글들을 검색해보고 작심하여 찾은 레스토랑이 인스타그램의 사진과는 사뭇 달랐기 때문이다. 흔하게는 방문한 음식점에 실망했던 경험이 많겠지만, 이러한 경험은 여행지에서나 전시회에서 누구나 한 번씩은 해보았음직한 경험들이다. 그나마도 사진에서 본 것이 전부인 경우라면 다행이다. 오히려 실물이 사진보다 못한 경우도 하다하기 때문이다.

최근의 소비 트렌드는 '선(先)인스타, 후(後)소비'인데, 이

마케팅 트렌드의 중심에 있는 인스타그램 마케팅

것은 인스타그램 이용자인 젊은 세대의 일반적인 인스타그램 활용 유형이다. 인스타그램의 게시물들은 개인들이 자발적으로 올리는 체험기의 형태로 광고와 일반 게시물의 경계, 창작자와 수용자의 경계를 모호하게 함으로써 자연스러운 바이럴 마케팅이 이루어진다. 이와 같은 특징 때문에 인스타그램 광고는 광고와 일반인의 후기를 구분해내기가 어렵다. 옆집 언니같이 친근한 '인친님'들의 리뷰가 그들이 자비를 들여 소비한 진짜 경험에서 나온 후기인지, 업체의 스폰을 받은 광고성 후기인지 우리의 입장에서는 구별할 수 없다.

실제로 필자는 유럽의 유명한 작가의 반출된 작품을 보기 위해 전시장을 찾았다가 실망감을 감출 수 없었던 경험이 종종 있었다. 온·오프라인을 통한 홍보에 이용된 해당 이미지의 작품을 포함해 한두 점을 제외하고는 전시장에 전시된 작품 중 대다수가 원본이 아니거나 소품에 불과했기 때문이다. 미술관들은 이제 유명작가나 양질의 전시가 아니더라도 '인생샷'을 찍을 수 있기만 하면 관람객을 불러들일 수 있다는 사실을 알게 되었다. 전시회 본연의 역할과 상업성 사이에서 딜레마에 빠지게 된 것이다.

특히, 인스타그램 이용자에게 '미술관'이라는 공간과 전시회는 이미지 생산에 적합한 배경과 오브제로서의 역할을 충실히 하고 있다. 미술관이라는 우아한 공간, 멋있는 전시 전경, 자랑할 수 있는 인스타그램 속 가상의 공간, 이 삼박자가 시각요소라는 축을 중심으로 완벽하게 맞아떨어져 인스타그래머들이 고고한 일상을 자연스럽게 노출하기에 더없이 좋은 문화생활이다. 그들에게 전시는 교육적인 측면이나 예술성보다는 가상현실 속의 일상을 얼마나 돋보이게 해줄 것인지에 대한 1차원적인 접근이 우선할지도 모른다. 사진 찍기에 열중하는 관람객이 많아지면서 SNS용 전시도 증가하는 추세다.

인스타그램의 대표적인 피해의 중심은 역시 사진 촬영과 이미지에 있다. 누구나 보고 싶었던 전시에 기대를 가지고 방문했다가 끊임없이 나는 카메라 셔터 소리에 전시 관람에 집중할

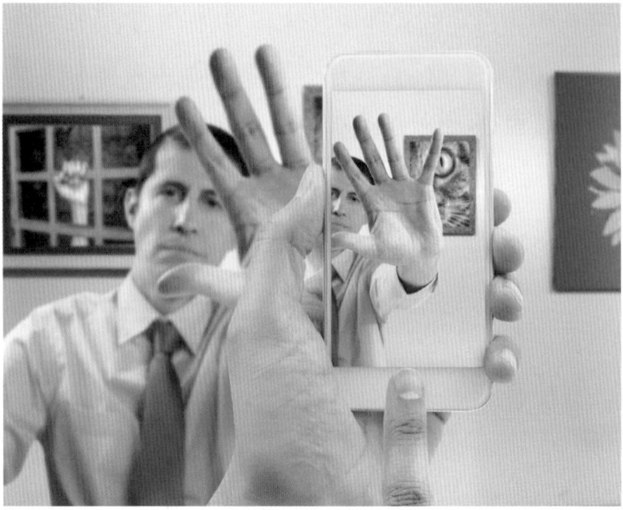

때와 장소에 맞는 사진 촬영에 대한 인식이 필요한 시점

수 없었던 경험이 있을 것이다. 유명한 전시의 경우 관람객이 많이 몰려 사진 촬영으로 인한 전시장 피로도는 배가 된다. 전시 관람 동선이 엉망이 되는 것은 물론이고, 작품 앞에서 기념촬영을 하려 하는 사람들로 인해 작품을 제대로 볼 수 없는 경우도 있다. 그러다가 사람들이 서로 밀쳐 넘어지기라도 한다면, 작품 훼손까지 우려되는 상황이다.

'인스타용 사진 촬영'을 목적으로 전시를 관람하는 사람에게는 문제가 되지 않겠지만, 그렇지 않은 일반 관람객에게는 전시 관람에 이보다 더한 민폐가 없다. 전시장에 울려 퍼지는 셔터 소리에 작품 감상의 몰입도가 낮아지고, 전시 관람의 감흥이 줄어들게 된다. 심한 경우에는 전시나 작품과 무관한 이미지에 '해시태그'를 붙여 미술관임을 알리는 관람객도 있다. 이들은 작품 감상이라는 본질보다는 본인의 고상한 취미활동을 과시하기 위한 수단으로 전시회나 미술관을 방문한다. 이러한 변화의 흐름 속에서 미술관은 양적인 집객에 집중할 것인지, 전시 감상의 질적인 효과를 높이기 위해 사진 촬영을 어디까지 허용할 것인지에 대한 지속적인 고민을 해야 할 것이다.

인스타그램 중독과 카·페·인 우울증

최근에 카페인 우울증을 겪는 사람들이 늘고 있다. 커피를 너무 많이 마셔서 우울해졌다고 오해하고 있다면, 당신은 진정한 '인싸'*가 아니다. 여기서 말하는 '카페인'은 우리가 흔히 아는 커피에 다량 함유되어 있는 중추신경계 자극제가 아니기 때문이다. 대표적인 SNS인 카카오스토리, 페이스북, 인스타그램의 앞 글자를 딴 것으로, SNS에서 타인의 행복한 일상을 보면서

* 인사이더(insider)의 줄임말로, 아웃사이더와는 다르게 무리에 잘 섞여 노는 사람들을 말한다.

대표적인 SNS인 카카오스토리, 페이스북, 인스타그램 아이콘

상대적 박탈감을 느끼는 것을 뜻한다. 당신은 'SNS를 보면 나만 빼고 다들 행복해 보인다'라는 생각을 해본 적이 있는가? 소소한 일상의 순간을 이미지 한 장으로 공유하며 지인들과 소식을 나누고, 혹은 타인들과도 마치 실제로 만나는 친구처럼 소통하게 해주는 순기능이 변질되어 경쟁적으로 '이 세상에서 내가 가장 잘살고 있고, 내가 가장 행복해'라는 것을 과시적으로 보여주는 공간이 되었다.

"사촌이 땅을 사면 배가 아프다"라는 속담이 있다. 사촌 한 명이 땅을 사도 배가 아픈데, 사촌에 팔촌까지 땅을 산 것처럼 보이니 어찌 우울하지 않을 수 있겠는가. 실제로 2014년 오스트리아 인스브루크 대학교 연구팀은 "페이스북을 오래 사용할수록 우울감을 쉽게 느끼고 자존감도 떨어진다"는 연구 결과를 내놓기도 했다. 미국의 심리학자 애덤 알터(Adam Alter)도 스마트폰을 많이 들여다볼수록 행복감이 떨어진다고 하며, 그 이유를 "독서 같은 취미 활동에는 끝이 있지만, 스마트폰을 통한 정보 습득에는 끝이 없기 때문"이라고 설명했다. SNS를 통한 정보 습득에는 '끝'이 없어 언제 이런 행위를 멈춰야 하는지 선택하기 어렵다는 것이다. 이는 인스타그램으로 타인의 삶을 보고 우울함에 빠지지만, 멈추지 않고 또다시 계속 타인의 일상을 들여다보는 현상을 설명해준다.

그렇다면, 어떻게 하면 '카페인 우울증'을 피해 SNS를 즐길 수 있을까? 가장 좋은 방법은 SNS를 중단하는 것이겠지만, 애증의 존재인 SNS는 끊기도 여간 어려운 것이 아니다. SNS에 올릴 단 한 장의 사진을 위해 끊임없이 셔터를 눌러대고, 그마저도 보정과 편집을 거쳐 비로소 올리듯이, SNS가 '보여주기'를 위한 철저하게 각색된 이미지이자 인생의 하이라이트임을 인지한다면 우울함에 빠지지는 않을 것이다.

5 사진 맛집 vs 진짜 맛집

인증샷을 새로운 문화로 보아야 할 것인가, 혹은 방해 행위로 보아야 할 것인가에 대한 논쟁은 이미 진부한 주제가 되어버렸다. 논쟁을 하기에는 너무나 많은 산업과 다양한 업계에서 인스타그램과 사진 촬영을 의식한 마케팅을 공격적으로 펼치고 있기 때문이다. 그러나 의식 없이 이러한 흐름을 문화로만 치부하고 받아들이기에는 위에 언급한 내용처럼 그에 따른 분명한 부작용이 존재한다. 그렇기 때문에 인스타그램을 활용하는 데 있어서 부작용을 최소화하려면, 활용방안이나 범위에 대한 분명한 인식을 가지는 자세가 필요할 것이다.

요즘같이 다양한 입맛과 취향이 존재하는 시대에는 음식점이 반드시 음식의 맛으로만 정면 승부할 필요는 없다. 음식의 종류, 타깃 고객층, 매장의 입지 등에 따라 맛보다는 메뉴의 가짓수, 음식의 가격, 분위기 등 다른 요소들이 매출에 영향을 미칠 수도 있다. 그러나 본질적으로 음식의 맛이 가장 우선해야 한다는 기본은 가지고 가야 한다. 요즘의 요식업 트렌드는 2년 정도라고 한다. 몇십 년 된 오래된 맛집들은 이제는 그 공간에 시간이 더

기본에 충실한 공간은 시간이 갈수록 매력을 더한다.

해져 오래되고 낡은 매장과 식기구 자체가 일종의 콘셉트가 되었다. 이러한 콘셉트는 어디까지나 기본을 잃지 않고 맛에 충실했기 때문에 촌스러울 수도, 혹은 불편할 수도 있는 디테일들이 기분 좋게 좋은 맛을 내는 그 공간만의 매력으로 승화될 수 있다. 결국, 다른 것이 불편해야지 맛이 불편하면 메뉴도, 공간도 오래가지 못한다. "빛 좋은 개살구"가 되지 않으려면, '찍고 싶은' 음식이나 공간 만들기에 열중하기보다는 '먹고 싶은' 음식 만들기라는 기본에 충실해야 마지막까지 살아남을 수 있을 것이다. 어디까지나 음식은 입으로 즐기는 것이지 눈으로 먹는 게 아니니 말이다.

문화예술계도 마찬가지다. 사진 촬영을 목적으로 한 '인스타용 전시'가 성행하면서 관람객의 양적인 증대에만 집중한 전시회의 전시물이 질적으로 우수한지 의문이라는 지적을 받고 있다. 콘텐츠의 가치나 의미에 대한 고찰 없이 인스타그래머블한 요소로만 전시회를 채운다면 관객이 실망하고 결국 전시회의 수명을 단축하게 될 것이다. 사실 '인스타그래머블'이라는 키워드가 전시 마케팅에 도입된 지 얼마 되지 않은 시점에서 SNS용 전시냐 아니냐를 가르는 기준은 모호하다. 또한, 사진 촬영은 이미 SNS 시대를 사는 관람객의 새로운 전시 관람 문화로 자리 잡았다. 그러나 관객이 같은 관람행위를 하더라도 전시 유형을 잘 구분하여 전시 콘텐츠 개발이나 마케팅에서 인스타그램을 적절히 활용한다면, 전시를 기획하는 데 도움이 될 것이다.

여러 가지 논쟁에도 불구하고 미디어 콘텐츠와 온라인 플랫폼을 활용한 전시는 확대될 것이다. 또한, 그에 따라 관람객과 전시 및 객석의 경계가 허물어지면서 관객이 전시를 관람하고, 그 경험을 큐레이션하는 적극적인 관객 참여형 전시는 피할 수 없는 대세임이 분명하다. 온갖 볼거리, 즐길거리가 화려해지고 다양해지는 전시회에서 전시를 어떻게 경험하고 받아들일 것인지는 전적으로 당신의 선택이다.

신형덕

밈과 짤: 창작과 변형, 확산의 세계 (meme)

1 대세를 만드는 힘: 밈(meme)

인터넷 세계를 돌아다니다 보면 수많은 밈과 짤을 만나게 된다. 기존 삽화에 재미있는 말풍선 또는 설명을 달거나 짧은 동영상으로 편집한 콘텐츠를 흔히 '밈' 또는 '짤'이라고 부른다. 마치 개그맨이 TV에서 유행어를 만들 듯 사람들은 인터넷에서 수많은 밈과 짤을 만든다. 그리고 이 중 많은 사람들의 선택을 받아서 퍼나름을 거친 콘텐츠는 검색어 상위권을 차지하기도 한다.

밈과 짤을 단지 단편적이고 단기적인 유행이라고 보는 시각도 있지만, 사실 문화적으로 중요한 대세를 만들기도 한다. 2019년 8월 첫째 주 미국 빌보드 싱글 차트에서는 17주 연속 1위라는 역사상 새로운 기록이 수립되었는데, 〈Old Town Road〉가 그 주인공이었다. 하루에도 수없이 많은 디지털 음원이 발매되는 치열한 음원시장에서 이 곡은 어떻게 이토록 장기적인 성공을 거둘 수 있었을까?

그것은 바로 밈의 힘이었다. 만 20세의 릴 나스 엑스는 본래 인터넷 인플루언서이자 밈을 잘 만드는 사람이었다. 그는 노래를 발매하면서 이와 관련된 수많은 밈을 직접 만들어서 인터넷에 올리고, 심지어 노래 가사도 다른 사람들이 밈으로 만들기 좋게 지었다. 이에 관심을 가진 사람들이 계속 변형된 콘텐츠를 만들고 퍼나르는 일을 반복하다 보니 장기간 1위를 할 수 있게 된 것이다.

사실 이와 관련된 개념으로 '외부효과'라는 것이 있다. 예를 들어 어떤 경우에는 특정 노래가 좋아서 사람들이 많이 찾을 수도 있는 반면에 다른 경우에는 단지 다른 사람들이 많이 찾아서 그 노래가 좋아지는 경우도 있는데, 외부효과는 후자를 뜻한다. 다른 사람이 많이 찾는 노래를 좋아하게 되는 이유는 여러 가지가 있을 수 있지만, 대개 많은 사람들이 따르는 유행에 뒤떨어지지 않으려는 무의식적인 힘이 작용할 수도 있다(물론 노래가 형편없다면 어떤 경우라도 좋아하지 않을 것이다). 여기에서 중요한 것은 어떤 노래가 유행하는 과정인데, 그 과정에서 밈은 입소문과 변형을 통해 중요한 역할을 할 수 있다.

2 2차 창작의 세계

이처럼 밈과 짤은 기존 콘텐츠를 단순화 또는 변형하거나, 아니면 원래 의도하지 않았던 새로운 의미를 덧씌워서 사람들의 흥미를 유발하는 속성을 갖는다. 이것은 사실 '반복'과 '변형'이라는 전형적인 유머 코드를 충실히 따르는 것이며, 경우에 따라서는 정보의 축약과 편집 기능을 갖기도 한다.

예를 들어 2012년과 2014년 온라인에 소개된 2개의 밈을 살펴보자. 최강희 감독과 배우 장수원의 얼굴을 담은 동일한 형식의 이미지이다. 그런데 2장의 이미지는 동일한 낱말의 나열로 이루어져 있으면서도 매우 다른 의미를 갖고 있다. 최강희 감독의 '무표정 시리즈' 밈을 보면 지도자로서 가진 평정심에 대한 애정과 친근감을, 배우 장수원의 '로봇 연기' 밈을 보면 그의 발연기에 대한 연민과 친근감을 느낄 수 있다.

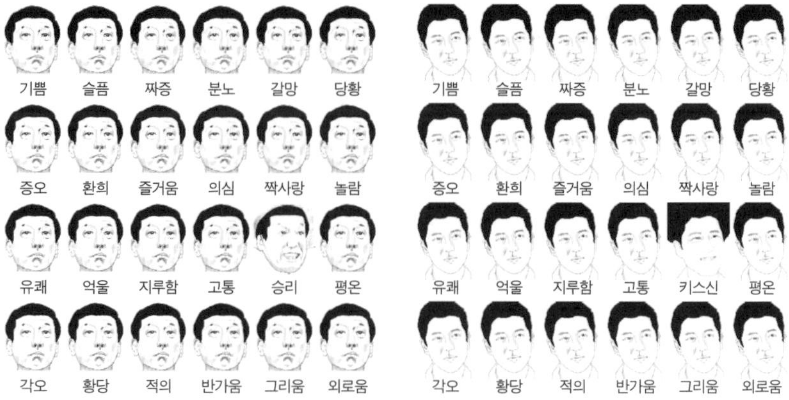

최강희 감독과 배우 장수원의 밈 이미지 [출처: © 남지연]

이것은 2차 창작이 가진 힘이라고 볼 수 있다. 단순히 사진을 퍼나르는 것만이 아니라 그 사진에 함축된 의미를 동시에 퍼나르는 것이다. 물론 그 의미가 최강희 감독이나 배우 장수원의 경우와 같이 항상 호의적인 것만은 아니다. 매우 비판적이고 풍자적인 경우도 많다. 예를 들어 정치인을 주인공으로 하는 밈은 종종 그의 위선적인 측면을 비난하는 내용을 담고 있고, 환경 파괴나 인권 유린을 경계하는 내용을 담은 밈도 흔하게 볼 수 있다. 빈부 격차에 대한 자조적인 밈도 흔하다. 물론 이들의 공통점은 기분 좋은 유머이든 아니면 블랙 유머이든 유머 코드를 갖고 있다는 것이다.

밈의 또 하나의 형태로서 우리말로 짤(또는 움짤), 영어로 GIF(Graphic Interchange Format)를 들 수 있다. 짤은 '짤방'의 줄임말이고, '짤방'은 '짤림 방지용 동영상'이라는 복잡한 어원을 갖고 있다. 이전에는 동영상 전용 게시판에 내용과 상관없는 동영상을 올리는 것을 의미했다. 이제 이 의미는 더 이상 중요하지 않다. 중요한 것은 짧은 동영상을 통한 소통이 대세로 떠오르고 있다는 것이다.

밈의 유머 코드

사실 페이스북의 유행이 주춤하면서 사진을 중심으로 하는 인스타그램과 동영상을 중심으로 하는 유튜브가 떠올랐는데, 이 현상은 직관적인 이미지에 대한 사람들의 선호를 잘 반영하고 있다. 그런데 최근에는 버드피드, 스냅챗 등 다양한 후발 주자가 등장하고 있다. 이들은 사진과 이모티콘을 결합하여 1~6초짜리 동영상을 만들어주기도 한다. 동일한 사진이 반복적으로 순환하는, 어찌 보면 산만하기 그지없는 방식이 인기를 끌고 있다. 사실 긴 호흡의 콘텐츠를 짧게 바꾸는 방식은 낯설지 않다.

우리는 이미 아무리 긴 드라마라도 주요 장면만 압축해서 10분 안에 그 내용을 파악하게 해주는 서비스에 익숙하다. 해당 드라마의 홈페이지를 방문해도 찾을 수 있고, 유튜브에도 있으며, 심지어 드라마의 줄거리를 압축해서 설명해주는 케이블 예능 프로그램도 방영되고 있다.

이처럼 밈과 짤로 인한 2차 창작물은 인터넷, 특히 SNS 애플리케이션에 업혀서 매우 빠른 속도록 확산되고 있다. 그런데

밈을 주도하는 기업들

놀랍게도 '밈'이라는 용어는 인터넷이 사용되기 훨씬 전에 탄생했다. 그것도 밈과는 별 관련이 없을 것 같은 진화론자에 의해서 말이다.

3 리처드 도킨스의 진화론

'밈'이라는 개념을 만든 사람은 진화론 분야의 유명한 학자인 리처드 도킨스다. 그는 다윈의 진화론을 대중에게 전파하는 데 선구적인 역할을 한 것으로 평가된다. 우리나라에도 2017년에 방문하여 강연했고 매체에도 출연했다.

다윈의 진화론에서는 진화의 단위를 원숭이, 사람 등 우리가 볼 수 있는 형체로 파악한 데 비해, 리처드 도킨스는 1976년에 출간한 자신의 저서 《이기적 유전자》에서 진화가 발생하는 단위를 '유전자'로 보았다. 그리고 이렇게 설명한다. "진화는 더 널리 확장되고 더 오래 살아남기를 원하는 이기적인(어찌 보면

진화론자 리처드 도킨스

당연한) 속성을 가진 유전자에 의해 발생한다"는 것이다.

또한 그는 생물학적 진화론에 그치지 않고 문화인류학적 진화론으로 자신의 논리를 확장했다. 생물학적으로 우월한 진(gene, 유전자)이 전파되듯이 문화적으로 우월한 밈(meme)이 전파된다고 했다. 밈은 그가 만들어낸 단어로, 그리스어의 mimeme(모방)을 뜻하면서 gene의 라임을 사용했다. 즉, 유전자가 부모로부터 자식으로 이전되는 것처럼 문화적 요소인 밈도 한 사람의 머리에서 다른 사람의 머리로 이전된다. 그 과정에서 우월한 밈이 생존하여 번성하는 문화의 진화가 발생한다. 이 용어는 1988년에 이미 《옥스퍼드사전》에 등재되었다.

그러므로 현재 우리가 인터넷에 돌아다니는 말풍선이나 움짤을 '밈'이라고 부르기는 하지만, 이미 '밈'은 인터넷이 사용되기 한참 전인 1976년에 탄생했다. 그 의미도 '문화적 요소'나 '모방의 요소' 등 매우 포괄적이었다. 따라서 수년 전에 유행한 '아이스 버킷 챌린지' 등 사람들이 따라 하는 다양한 문화현상도 밈의 범위에 포함된다고 할 수 있다. 이렇게 이야기하고 보니 갑자기 밈이 그리 새롭지 않은 것처럼 보이기도 한다. 하지만 사회의

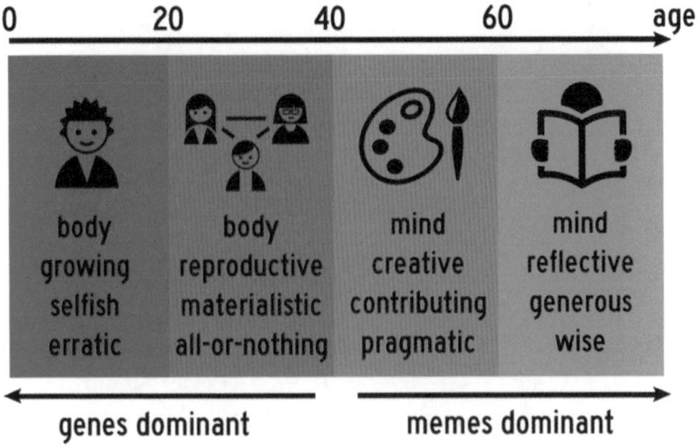

생물학적 유전자와 밈 유전자

진화를 주도하는 문화전파의 유전자라고 생각하니 그 의미가 새롭게 와닿지 않는가?

4　밈의 미래

사실 리처드 도킨스의 진화론은 많은 논란을 낳았다. 과연 유전자가 어떤 성격(이기적이든 이타적이든)을 갖는다는 것이 말이 되는 이야기인지, 그리고 문화요소가 유전자와 유사하게 이전한다는 논리가 과학적으로 증명될 수 있는지에 대해서도 비판이 제기되었다. 때로 리처드 도킨스는 정제되지 않은 표현으로 종교나 인종 문제에 대해 언급하여 분쟁을 자초하기도 했다.

그러나 이러한 모든 논란에도 불구하고 한 가지 확실한 것은 그가 '밈'이라는 새로운 개념을 통해 사회의 변화를 유전학적 진화론으로 새롭게 해석하려고 시도했고, 40년이 흐른 지금 젊은이들의 각광을 받고 있다는 것이다. 인터넷과 SNS 기술은 전

리처드 도킨스의 《이기적 유전자》(1976) 이미지 [출처: © 남지연]

세계를 실시간으로 연결했고, 그 기술을 통해 새로운 콘텐츠가 창작되고 기존의 콘텐츠가 변형되며, 그 결과물이 글로벌 사회로 확산된다. 그 한가운데에 밈이 있다.

2부

우리는 취향을 즐긴다

콘텐츠 큐레이션
(contents curation)

박지현

수많은 정보와 콘텐츠가 넘쳐나는 요즘, 결정장애자인 당신의 취향을 저격할 무언가를 찾는 일은 얼마나 어려운 일인가?

학창시절 드라마에 빠져 친구들과 수다를 떨다가 이런 상상을 해본 적이 있다. 내 인생에도 드라마 주인공처럼 기쁠 때는 한없이 즐거운 음악이, 슬플 때는 그 감정을 더해주는 슬픈 음악이 BGM처럼 흐르면 좋겠다고. 그런데 지금 우리의 삶에 BGM이 함께하고 있다. 음악 스트리밍 애플리케이션을 켜면 내 기분에 어울리고 취향에 맞는 음악들이 추천되어 재생 버튼만 누르면 언제 어디서든 편하게 감상할 수 있다.

동영상은 또 어떤가. 영어 공부를 좀 해볼까 하고 관련 영상을 한두 번만 검색해도 영어 학습 동영상이 연속해서 재생되고, 새롭게 배우는 운동 관련 영상도 어느새 추천 영상 목록에 올라와 있는 것을 확인할 수 있다. 내가 액션영화를 좋아하는지, 로맨틱코미디를 좋아하는지 옆 자리에 앉아 있는 내 친구는 몰라도 아마 당신이 이용하는 매체는 알고 있을 것이다.

이처럼 우리는 어느새 나 자신보다 나를 더 잘 아는 것 같은 콘텐츠 매체들이 내가 좋아할 만한 것들을 끊임없이 추천하고 소비하도록 만들어가고 있는 콘텐츠 큐레이션 시대에 살고 있다.

1 ‘콘텐츠 큐레이션’은 어디에서 왔을까

콘텐츠 큐레이션은 영단어 ‘contents’와 ‘curation’의 합성어로, 수많은 정보와 내용들 속에서 사용자의 취향이나 사용 목적, 주제와 관련된 정보들을 찾아내 보여주는 기능이나 서비스를 칭한다. 콘텐츠[content(s)]의 사전적 의미는 내용물, 목차 등이지만 최근에는 각 매체가 제공하는 정보나 저작물, 창작물을 통칭하고 있다. 그리고 미술관이나 박물관에서 작품을 수집하고 전시를 기획하는 일을 하는 사람들을 ‘큐레이터(curator)’라고 부르는데, 이처럼 자료나 작품을 분류하고 전시하는 활동을 ‘큐레이션(curation)’이라고 한다. 따라서 콘텐츠 큐레이션은 “정보를 사용하는 사용자를 대신하여 누군가가 사용자의 니즈를 파악하여 정보를 정리하고 추천해주는 맞춤형 서비스”라고 생각하면 이해하기 쉬울 것이다.

누군가가 나의 취향과 니즈를 파악해서 원하는 정보를 제공해준다니 정말 매력적이지 않은가? 그래서인지 콘텐츠 큐레이션 기능은 문화예술 분야에 급속히 확산되고 있는 추세다. 이때 정보를 제공해주는 ‘누군가’는 그 분야의 전문가일 수도 있고, 나와 비슷한 취향을 가진 일반인일 수도 있다. 최근에는 빅데이터, AI를 기반으로 하여 유사한 관심사를 가진 사람들의 디지털 활동을 분석해서 추천해주는 서비스가 주를 이루고 있다.

그렇다면 이러한 콘텐츠 큐레이션은 21세기에 새로 태어난 디지털 기술의 산물인 걸까?

낯선 여행지를 가거나 처음 가보는 식당에 들어가 복잡하기만 한 식당 메뉴판을 들고 한참 고민에 빠져본 경험이 한 번쯤 있을 것이다. 이때 문제를 해결하는 가장 손쉬운 방법은 주문을 받으러 온 직원에게 이렇게 질문하는 것이다. “혹시 이 식당

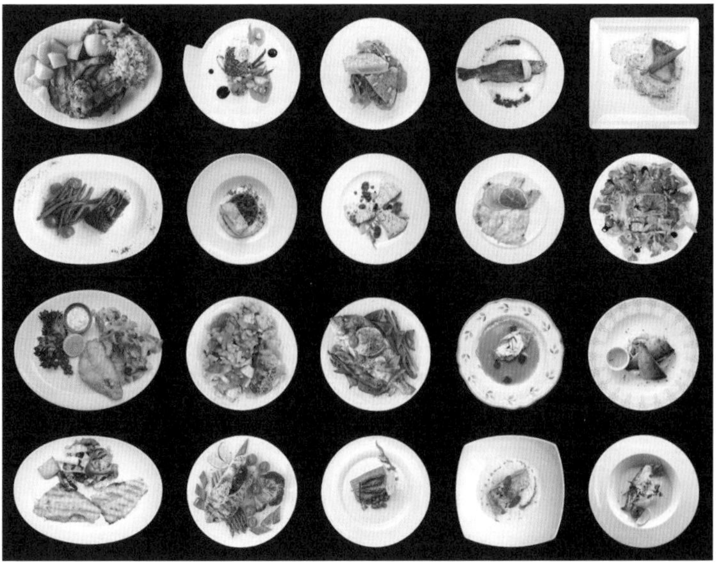

코스 요리의 수많은 메뉴들

의 대표적인 요리를 추천해주실 수 있을까요?" 질문을 받은 직원은 아마도 당신과 함께 온 사람들을 살펴보고 고기를 좋아하는지, 매운 것을 잘 먹는지 등 몇 가지 사항을 확인한 후 당신이 가장 좋아할 것 같은 메뉴를 추천할 것이다. 이는 그 식당 메뉴를 가장 잘 아는 전문가인 직원이 당신의 취향과 상황을 고려하여 메뉴를 추천하는 콘텐츠 큐레이션이라 할 수 있다. 일식집의 오마카세(주방장 특선)나 호텔의 코스 메뉴도 오랜 기간 식당을 방문한 사람들의 선택과 취향을 반영하여 몇 가지 선택지를 제안하는 콘텐츠 큐레이션이다.

우리가 살아가면서 결정에 많은 어려움을 겪는 또 다른 순간 중 하나가 신용카드, 보험 같은 금융 상품을 결정할 때가 아닐까 한다. 신용카드만 해도 한 카드회사에 여러 가지 혜택을 담은 다양한 카드가 있고, 보험도 길고 긴 이름처럼 복잡한 약관에 어지러울 때가 있다. 이런 상황에서 우리는 금융회사 직원이나 홈페이지를 통해 자신의 라이프스타일에 맞는 상품을 추천받을 수 있다. 연령, 성별, 사용 목적에 따라 나에게 적합한 상품을 추천해주고 그 안에서 우리는 좀 더 쉽게 결정을 내릴 수 있다.

늘 인식하지는 못하더라도 우리는 많은 정보 속에서 어떤 결정을 내릴 때 누군가의 추천에 조금씩 영향을 받아왔다. 하지만 최근 콘텐츠 큐레이션 서비스가 폭발적으로 증가한 이유는 온라인상에서 사용자가 접할 수 있는 정보의 수가 급격히 늘어나 특별한 기준 없이 자신이 원하는 정보를 찾기 위해서는 많은 시간과 노력을 투자해야 하기 때문이다. 따라서 사용자는 더 쉽고 빠르게 자신의 니즈에 맞는 정보를 추천해주는 콘텐츠 큐레이션에 관심을 갖기 시작했다. 2010년 서비스를 시작하여 월 이용자 수 3억 명(2019년 8월 기준)을 넘어선 핀터레스트(Pinterest)가 짧은 기간 안에 페이스북, 트위터 같은 SNS를 따라잡을 수 있었던 비결도 마치 보드판에 핀으로 메모를 꽂아놓는 것처럼 사용자가 자신의 관심사와 관련된 이미지를 쉽게 찾아볼 수 있도록 큐레이션을 해준 덕분이었다.

핀터레스트 이용 화면

또한 최근의 콘텐츠 소비 방식이 구매하여 직접 소유하는 방식에서 스트리밍 방식의 대여하는 형태로 변화한 것도 콘텐츠 큐레이션 활성화에 많은 영향을 미쳤다. 이는 한 달에 얼마간의 돈을 내고 마음껏 서비스를 이용하는 월정액제나 콘텐츠 구독 서비스와 맞물려 사용자에게 더 많은 콘텐츠를 이용할 수 있는 기회를 주고 있다. 사실 이런 서비스를 이용하는 경우에는 크게 고민하지 않고 다른 사람의 추천을 받아들여도 선택 실패에 대한 위험이 크지 않다. 마음에 안 든다면 바로 다른 것으로 교환이 가능하지 않은가.

하지만 아무리 추천을 받더라도 자신의 관심사와 다른 엉뚱한 것들을 추천해준다면 사용자는 다시 직접 정보를 검색하는 수고스러움을 택할 것이다. 최근의 큐레이션은 방대한 양의 빅데이터와 AI 알고리즘을 통해 더욱 정교한 취향 분류가 가능해져 사용자의 만족도를 높이고 있다. 또한 온라인에서는 추천 순위에 따른 콘텐츠의 재배치가 용이해 사용자의 접근성이 높아지고 콘텐츠 큐레이션의 활용 범위가 점차 확대되고 있다.

2 이 영화, 마음에 드실 것 같아서 골라봤어요

지금 태양계 행성들의 특징이 궁금하다면 어떤 정보 검색 방법을 활용할 것인가? 우주 과학 관련 서적? 네이버나 구글 같은 검색 엔진? 아니면 유튜브?

유튜브를 가장 먼저 떠올렸다면 당신은 '디지털 네이티브(digital native)' 세대일 가능성이 높다. 어린 시절부터 디지털 기기를 사용하는 데 익숙한 이들은 영상으로 소통하는 것을 주저하지 않으며, 포털 사이트의 검색 기능보다 영상을 통해 지식과 정보를 습득하고 새로운 문화를 만들어가는 데 익숙하다.

과거에는 영상 콘텐츠의 대부분이 방송사나 영화사에서 기획하고, 편집하고, 방영하는 것이었기 때문에 사용자는 방영되는 시간에 맞추어 텔레비전 앞에 앉아 보고 싶은 프로그램을 기다려야 했다. 하지만 이제는 누구나 영상을 만들어 공유할 수 있고, 내가 원하는 시간에 원하는 콘텐츠를 볼 수 있게 되었다.

전 세계 이용자가 하루에 유튜브에서 동영상을 시청하는 시간은 10억 시간이며, 매달 유튜브를 시청하는 사용자 수는 19억 명에 달한다. 그리고 유튜브에는 1분마다 400시간 이상의 동영상이 새롭게 업로드되고 있다. 사용자는 자신이 원하는 것을 원하는 시간에 볼 수 있게 되었지만, 역설적이게도 끊임없이 업로드되는 새로운 영상들 속에서 오히려 자신이 원하는 것을 찾기 힘든 상황에 처하게 되었다. 따라서 유튜브는 사용자 데이터를 기반으로 관련 영상을 큐레이션 해주고 사용자는 이 목록에서 다음 동영상을 선택하여 감상한다.

그런데 여기에서 만족하지 않고 유튜브 동영상을 분야별로 전문적으로 큐레이션 하여 제공하는 애플리케이션도 등장했다. 사실 유튜브의 추천 영상을 보다 보면 적합하지 않은 영상이 중간에 등장하기도 하고, 유사한 영상이 반복 재생되는 경우도 있다. 이런 불편함을 해소하기 위해 어린이용 동영상 콘텐츠를 선별하여 연령, 성향이나 원하는 학습 분야에 맞는 동영상을 추천해주거나, 뷰티 동영상만을 분석하여 원하는 부분의 화장법만 바로 찾아볼 수 있게 한 서비스도 인기를 끌고 있다.

최근 가장 핫한 영상 콘텐츠 서비스 업체를 꼽자면 넷플릭스(Netflix)를 빼고 말하기 어렵다. 1997년 DVD 대여 업체로 시작한 미국의 넷플릭스는 우편배달과 월정액 서비스라는 차별점을 내세워 당시 비디오 대여 체인 1위 기업이던 블록버스터의 아성을 무너뜨리고 동영상 스트리밍으로 서비스를 확장하여 전 세계 영상 콘텐츠 시장의 판도를 바꾸어놓았다. 넷플릭스는 최신 영화, 인기 영화 중심에서 벗어나 다양한 장르의 많은 콘텐츠를 확보하여 좀 더 사용자가 원하는 콘텐츠를 제공하는 데 집중했다. 이를 위해 넷플릭스는 오랜 기간 '시네매치(Cinematch)'라는 알고리즘을 개발하여 최적화시키는 데 많은 노력을 기울였다.

실제로 넷플릭스를 사용해본 경험이 있는 사람들은 넷플릭스의 최대 장점으로 영상 추천 서비스를 꼽는다. 마치 내 마음속에 들어와본 것처럼 나도 몰랐던 내 취향을 콕 집어내는 넷플릭스의 능력은 어디에서 오는 걸까?

넷플릭스에는 '태거(tagger)'라는 사람들이 근무하고 있다. 이들은 넷플릭스 콘텐츠 큐레이션의 핵심 인력으로, 신규 영상이 들어오면 해당 영상을 보면서 최대한 자세하게 '태그(tag, 꼬리표)'를 다는 역할을 한다. 넷플릭스는 이 태그를 통해 영상을 5만 개에 달하는 장르로 구분하여 사용자의 이용 패턴에 따라 추천한다. 과거에는 단순히 '액션', '호러', '로맨스' 등으로 영상

넷플릭스 이용 화면

의 장르를 구분했다면, 넷플릭스는 '남성들의 우정을 다룬 실화 바탕 영화'라든지 '매력적인 곳수염을 가진 주인공이 나오는 러브스토리' 등 좀 더 세밀하게 영상을 분류한다.

어떤 경우에 우리는 콘텐츠 큐레이션이 모두 AI를 통해 이루어지는 것처럼 착각하지만, 이처럼 정교한 시스템의 핵심 요인은 사람이 직접 작업하는 태깅(tagging)에 기반을 두고 있다는 점이 흥미로운 사실이다. 새로운 영상을 마음껏 보며 분석하고 태그를 다는 매력적인 직업인 '태거'의 등장 역시 콘텐츠 큐레이션이 만들어낸 변화 중 하나다.

3 나는 지금 '커피 마시'며(면서) '잔잔한 어쿠스틱 인디곡'을(를) 듣고 싶어요

음원시장은 영상과 마찬가지로 콘텐츠 큐레이션을 적극 활용하는 콘텐츠 분야 중 하나다. 음원과 영상의 차이점 중 하나는 음원의 경우 콘텐츠 선택에 대한 기회비용이 낮다는 점이다. 음원은 곡당 3~4분 내외로, 자신의 취향에 맞지 않는 콘텐츠를 선택했더라도 다른 것으로 빠르게 전환이 가능하다. 또한 영상은 댓글이나 평점 등을 통해 사전에 해당 콘텐츠에 대한 리뷰를 확인할 수 있지만, 음원은 타이틀곡이나 유명한 음악이 아니라면 다른 사람들이 어떻게 평가했는지 확인하기가 쉽지 않다. 그리고 최근에는 음원 소비 방식이 스트리밍 기반으로 변화하면서 음악 자체에 집중하기보다는 일상의 주변 음악을 소비하는 경향이 많아져 콘텐츠 큐레이션 활용도가 더욱 높아지고 있다.

사실 음악 분야에서 누군가가 추천하거나 만들어놓은 목록의 음악을 듣는 것은 새로운 일이 아니다. 라디오가 보급된 이후 사람들은 라디오 프로그램의 성격에 따라 선별된 음악을 감상하거나 DJ가 믹싱한 음악을 듣게 되었다. 이후 워크맨 같은 휴대용 기기가 등장하여 개인화된 음악 감상이 가능해지면서 1990년대에는 NOW, MAX 같은 컴필레이션 앨범(compilation album, 편집앨범)이 음악시장을 주도했다. 그리고 이제는 TOP 100 전체 재생으로 음악을 듣던 소비자가 점차 자신의 기분이나 상황에 맞는 음악을 찾아서 듣는 형태로 바뀌고 있다.

현재 음원 콘텐츠 큐레이션은 전문가나 음악에 관심이 많은 사람들이 직접 만들어 공유하는 플레이리스트와 AI 알고리즘을 통한 자동화된 큐레이션이 함께 활용되고 있다.

스웨덴의 스타트업 기업으로 시작한 전 세계 음원시장 점유율 1위인 스포티파이(Spotify)는 초기에 수많은 음원 중에서 원하는 음악을 찾아 듣는 것에 어려움을 겪는 사용자의 문제를 해결하기 위해 큐레이션 시스템을 도입했다. 빅데이터를 활용한 음악 추천뿐만 아니라 전문가들이 각 상황이나 장르에 맞는 플레이리스트를 만들어내고 공유할 수 있도록 했다. 스포티파

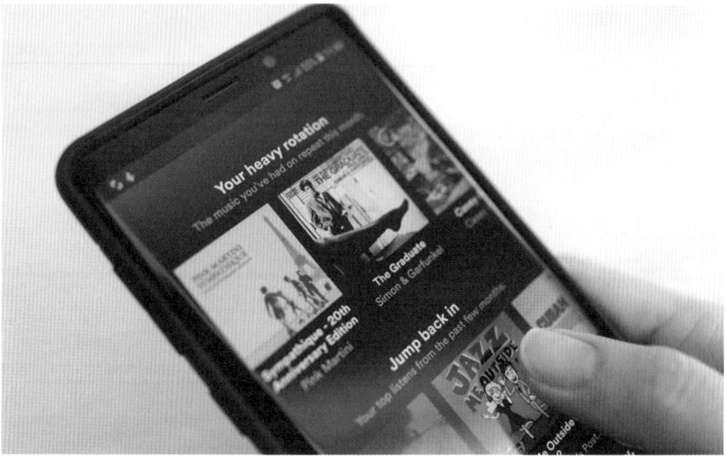

스포티파이 이용 화면

이를 통한다면 방탄소년단(BTS) 정국이 자신의 음악적 취향을 담아 만든 플레이리스트를 팔로우하여 들을 수 있고, 영화 〈펄프픽션〉, 〈황혼에서 새벽까지〉 등으로 유명한 쿠엔틴 타란티노(Quentine Tarantino) 감독이 추천하는 플레이리스트도 감상할 수 있다.

국내 최대 음원 업체인 멜론(Melon)은 회원의 취향을 반영하여 음악을 추천해주는 'For U' 서비스를 제공하고 있다. 음악을 자주 듣는 시간이나 과거에 즐겨 들었던 음악 장르 등을 파악하여 선곡을 제안하거나 사용자가 입력한 상황에 어울리는 음악을 추천해준다. 과거 일반인 DJ가 주제별로 선곡한 음악 리스트를 추천해주던 DJ 서비스에서 진화한 'For U' 서비스는 오랜 기간 축적된 많은 사용자의 데이터를 바탕으로 정교한 콘텐츠 큐레이션을 제공하여 호평을 받고 있다.

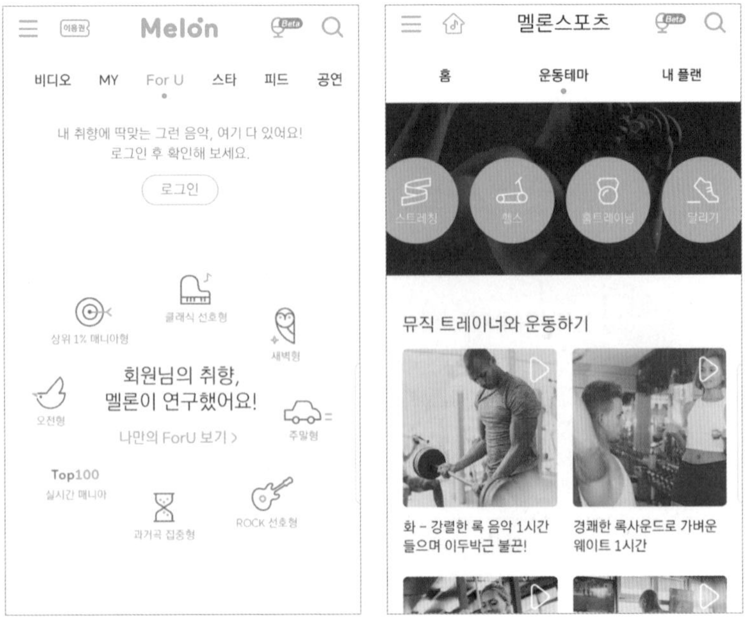

멜론 큐레이션 서비스 이용 화면 [출처: 멜론]

2018년에 론칭한 멜론 스포츠, 멜론 키즈는 음원 사용 목적을 더욱 세분화한 서비스를 제공한다. 멜론 스포츠는 운동 종류, 시간 그리고 속도에 맞는 음악을 추천하고, 음악이 재생되는 동안 진행된 운동량과 소모 칼로리를 보여준다. 또한 멜론 키즈는 아이들에게 동요나 동화를 들려주기 위해 음원 앱을 활용하는 사용자가 많다는 것에 착안하여 연령과 상황에 맞는 동요와 영상을 추천해주는 기능을 제공하여 더욱 능동적이고 사용자 중심적인 큐레이션 서비스를 확장해나가고 있다.

최근 새롭게 음원시장에 진출한 네이버의 바이브(VIBE)나 SK텔레콤의 플로(FLO)는 더 직접적으로 '취향'을 중심으로 한 콘텐츠 큐레이션 서비스를 표방한다. 플로의 경우 '지금, 당신의 음악 FLO'를 모토로 개인 맞춤형 서비스를 제공하여 출시 2개월 만에 국내 음원플랫폼시장 3위에 올랐으며, 월간 실사용자 170만 명을 돌파했다(2019년 7월 기준). 플로는 최초 가입 시 선호하는 아티스트를 선택하게 하고, ID당 3개의 캐릭터를 사용할 수 있는 '멀티 캐릭터' 기능을 통해 아이들을 위해 음악을 들을 때, 운동할 때나 운전할 때 등 음악을 주로 듣는 상황을 분리할 수 있도록 하여 더욱 최적화된 콘텐츠 큐레이션 서비스를 제공한다.

이와 같은 플로의 서비스 방향은 광고를 보면 더 뚜렷하게 확인할 수 있다. 플로는 광고를 통해 '지금, 그대들은 어떤 기분이신가요?', '지금, 그대들은 어떤 음악을 들으시나요?'라고 직접적으로 사용자에게 질문을 던지고, 신인 뮤지션이 차트 중심이 아닌 맞춤형 음원 추천 서비스를 통해 인기를 얻는 모습이나 자신도 몰랐던 음악 취향을 플로를 통해 알게 된 중년의 엄마가 딸과 함께 춤추는 모습 등 콘텐츠 큐레이션이 우리의 일상을 바꾸는 모습을 보여준다.

4　아날로그에서 디지털까지, 변화하는 북 큐레이션

도서관에서 오래된 종이 냄새를 맡으며 읽고 싶은 책을 찾거나, 서점에서 책장 사이를 거닐며 천천히 책을 고르는 시간은 어쩌면 책을 직접 읽는 시간보다 더 의미 있는 경우가 있다. 많은 영화에서 도서관이나 서점에서 누군가를 만나고 함께 책을 고르는 장면이 자주 등장하는 것도 그런 이유가 아닐까? 하지만 바쁜 현대사회에서 지금 이 시간에도 끊임없이 발간되는 신작의 홍수 속에 무엇을 읽어야 할지 망설이는 독자들을 위해 서점이 대신 책을 골라주고 추천해주는 북 큐레이션 서비스가 다양한 방향으로 진화하고 있다.

문득, 지금 이 책을 읽는 독자들은 어떤 계기로 이 책을 만나게 되었는지 궁금해진다.

동네 책방의 변신

대형 체인 서점과 온라인 서점의 공세에 밀려 갈 곳을 잃었던 소규모 책방들이 큐레이션을 앞세워 자신들만의 색을 찾고 있다. '독립 서점', '작은 서점', '동네 책방', '큐레이션 서점' 등 조금씩 다른 이름으로 불리는 이 서점들은 자신들의 정체성을 드러내는 콘텐츠 큐레이션을 통해 차별화를 시도하는 중이다. 이는 분야별 베스트셀러식 진열과는 다른 무언가를 찾는 사람들 사이에서 입소문을 타기 시작하여 서점 문화를 변화시키고 있다.

서점 운영자들은 서점에 오는 사람들의 특성과 취향을 고려하여 여러 카테고리별로 추천하는 책들을 진열한다. 그리고 그 추천은 단순히 기계적인 카테고리화가 아니라 독자에게 직접 말을 건네듯 섬세하고 자세하다. 과거 집 근처 서점이나 책방 골목에서 느낄 수 있던 감성으로 다시 돌아간 착각이 들기도 한다.

땡스북스 매장 내부 모습 [출처: 땡스북스]

홍대 앞에서 9년째 운영 중인 '땡스북스', 성북동에 자리한 '부쿠(BUKU)', 건대 커먼그라운드에 위치한 '인덱스(index)' 등 각 큐레이션 서점에서 다루는 주제나 콘셉트도 점차 다양화되어가고 있다. 독자들은 큐레이션 서점을 찾아 미처 알지 못했던 새로운 책을 발견하는 즐거움을 누리고, 조용하고 아늑한 작은 서점만의 분위기를 즐긴다. 이처럼 큐레이션 서점이 책을 좋아하는 사람들의 '핫플레이스'가 되면서 추억 속으로 사라져가는 듯했던 작은 서점들이 자신들만의 방식으로 다시 부활하고 있다.

추천부터 배송까지 한번에

"요즘 취업 준비하느라 힘들지? ○○○ 책 한번 읽어봐. 기운 날 거야", "아프리카 여행이 꿈이라고? 그럼 □□□ 책 너도 좋아할 거야", "남자친구랑 헤어졌다고 우울해만 하지 말고 △△△ 책 읽어봐."

플라이북 패키지 [출처: 플라이북]

이렇게 '나의 상황을 이해해주고 꼭 맞는 책을 추천해주는 친구가 곁에 있다면 독서왕이 되었을 텐데…'라고 생각하는 독자들이 있다면 이 콘텐츠 큐레이션에 주목해보자. 그렇게 친절한 친구는 없어도 그만큼 친절하게 책을 추천해주고 집으로 배송해주는 도서 정기 배송 서비스는 있다.

플라이북(Flybook)은 한 달에 한 번 회원의 기분, 관심사와 취향을 고려한 책을 골라 집으로 배송해준다. 회원들은 자신이 어떤 것을 좋아하는지, 좋아하는 장르는 무엇인지, 어떤 책을 읽고 어떻게 평가했는지 등의 여러 정보를 입력하고 매달 최근 관심사나 기분을 변경하여 입력할 수 있다. 책과 관련된 여러 정보를 공유하고 기록할 수 있는 모바일 도서 앱으로 출발한 플라이북은 이러한 회원 정보를 바탕으로 책을 추천하고 책과 어울리는 음악이나 영화도 함께 추천해준다. 온라인을 기반으로 한 도서 콘텐츠 큐레이션이지만 추천에서 머무는 것이 아니라 실제로 책을 배송받고 읽는 과정까지 연결되어 사용자에게 더욱 직접적인 큐레이션 서비스를 제공한다.

밀리의 서재 사용 화면 [출처: 밀리의 서재]

전자책시장의 큐레이션 전쟁

배우 변요한이 이병헌에게 다가와 이렇게 말한다. "시작할까요?"

두 배우는 서로 읽은 책 제목을 말하며 독서 배틀을 시작한다. "사피엔스, 역사의 역사, 고양이, 말그릇…" "책값 꽤 들었겠는데?"라고 변요한이 묻자 이병헌은 "한 권 값에 다 봤지"라며 응수한다.

국내 전자책시장에 월정액제를 최초로 도입한 스타트업 기업 '밀리의 서재'의 광고 중 한 장면이다. 2018년 7월 밀리의 서재가 월정액제를 도입한 이후 전자책시장의 지각 변동이 시작되면서 독자들은 월 1만 원가량의 돈을 내고 무제한 독서를 할 수 있게 되었다. 독자들에게는 새로운 분야의 책을 시도해보고 자신의 취향에 맞는 책을 찾아서 읽을 수 있는 기회가 늘어난 것이다.

이처럼 독자들의 선택 폭이 넓어지면서 각 서점은 다양한 콘텐츠 큐레이션을 제공한다. '밀리의 서재'는 사용자의 연령이나 취향에 맞추어 책을 추천해주는 서비스뿐만 아니라 유명 작가나 평론가들을 섭외하여 일반 독자들이 그들의 서재를 살펴볼 수 있도록 했다. 또한 매주 2권의 전자책을 배달해주는 '배달의 밀리'나 독서가 어렵게 느껴지는 독자들을 위해 동영상 강의와 책 요약본을 제공하는 '큐레이션 서재' 등 다양한 방식으로 독자들의 책 선택을 돕는다.

리디북스의 리디셀렉트, 예스24 북클럽과 교보문고 Sam에서도 각 주제별로 큐레이션 한 추천 책 목록을 지속적으로 제공하고 있다. 높아지는 전자책 북 큐레이션의 영향력은 서점별 전자책 월정액제 베스트셀러 순위에서 확연히 확인할 수 있다. 2019년 3월 판매량을 기준으로 교보문고 Sam에서는 피터 홀린스의 《자제력 수업》이 1위를 차지했으나, 예스24 북클럽에서는 일본 동양의학자 나카네 하지메의 《어쩐지 더 피곤한 것 같더라니》가 1위에 올랐다. 밀리의 서재는 나카야마 시치리의 추리소설 《연쇄 살인마 개구리 남자의 귀환》이 1위였으며, 리디북스 리디셀렉트에서는 교양만화인 김재훈의 《어메이징 디스커버리 1》이 1위를 차지했다. 과거 대부분의 서점에서 비슷한 베스트셀러 목록을 보던 것과 사뭇 다른 양상이다. 도서 월정액제 경쟁이 가속화되면서 각 서점들은 콘텐츠 큐레이션을 통한 차별화를

전자책 월정액제 베스트셀러 순위

교보문고 Sam		예스24 북클럽	
1위	자제력 수업	1위	어쩐지 더 피곤한 것 같더라니
2위	90년생이 온다	2위	심리학이 이렇게 쓸모 있을 줄이야
3위	하버드 행동력 수업	3위	맥파이 살인 사건
밀리의 서재		리디북스 리디셀렉트	
1위	연쇄 살인마 개구리 남자의 귀환	1위	어메이징 디스커버리 1
2위	오후 5시, 한강은 불꽃놀이 중	2위	나니아 연대기
3위	자존감 수업	3위	무라카미 하루키의 100곡

시도하고 있고, 이러한 변화는 독자들에게 다양한 책이 소개될 기회를 제공하고 있다.

이제 시간이 없어서, 또는 무엇을 읽어야 할지 몰라서 독서를 안 한다는 핑계는 더 이상 통하지 않는 시대가 온 것 같다.

5 큐레이션의 가능성은 어디까지

콘텐츠 큐레이션은 음악이나 영상 분야에서 가장 활발하게 이용되고 있지만, 최근에는 다양한 분야로 확산되는 추세다. 유료 웹툰 플랫폼인 레진코믹스는 웹툰 플랫폼 최초로 사용자 취향 기반 작품 추천 서비스 '레진픽(Lezhin Pick)'을 도입하여 콘텐츠 큐레이션을 제공하고 있다. 웹툰은 작품 선택에 있어 대중성보다 개개인의 취향에 영향을 많이 받는 경향이 있으며, 독자와의 인터랙티브가 중요한 요소 중 하나다. 따라서 레진코믹스는 수많은 작품 속에서 독자들이 좀 더 편하게 작품을 고를 수

오픈갤러리 홈페이지 [출처: 오픈갤러리]

있도록 취향 분석을 바탕으로 한 추천 작품 중심의 홈 화면을 구성하고, 앞서 읽었던 작품과 유사 장르 작품들을 보여주면서 독자들의 작품 선택에 편의성을 제공하고 있다.

그리고 원화 렌털 업체 오픈갤러리(Open Gallery)는 집이나 사무실에 걸어놓을 그림을 큐레이션 해준다. 전문 큐레이터가 직접 방문하여 공간을 살펴보고 취향을 고려한 작품들을 추천해주며, 3개월마다 다른 분위기의 그림으로 교체해준다. 커다란 동양화 한 점이 오랫동안 거실 한쪽 벽을 차지하고 있던 과거와는 다른 신선한 변화다.

뉴스 큐레이션, 여행 큐레이션, 쇼핑 큐레이션 그리고 뷰티 큐레이션까지 이미 콘텐츠 큐레이션은 우리 삶 속에 깊이 들어와 있다. 매체들은 이제 큐레이션 된 정보와 이에 대한 소비자의 반응을 분석하여 콘텐츠 제작에도 반영하고 있다. 큐레이션 정보를 통해 타깃층에 맞는 최적의 콘텐츠를 제작한다.

우리는 오랫동안 내가 좋아하는 것보다 남들이 좋아하는 것에 관심을 가져왔다. 베스트셀러, 박스오피스, 빌보드 차트 등으로 순위를 매겨 다른 사람들은 무엇을 보고 듣는지 살펴보고 이를 따라가려고 노력해왔다. 하지만 큐레이션이 활성화되면서 콘텐츠 소비의 흐름이 '나'를 중심으로 변화하고 있다. 소비량에 따른 줄 세우기가 아니라 각 콘텐츠가 가진 특성을 파악하고 '나'에게 어울리는 콘텐츠를 소비할 수 있는 환경이 마련된 것이다.

이제 콘텐츠 큐레이션이 당신에게 묻는다. "당신은 무엇을 좋아하나요?"

6 지금까지 이런 서비스는 없었다, 이것은 추천인가 광고인가

큐레이션의 개념을 설명할 때 자주 등장하는 유명한 잼 실험이 있다. 컬럼비아대학교 시나 아이엔가(Sheena S. Iyengar) 교수와 스탠포드대학교 마크 레퍼(Mark R. Lepper) 교수는 선택지의 수가 사람들의 선택에 어떤 영향을 미치는지에 관한 재미있는 실험을 했다.

슈퍼마켓에 2개의 테이블을 놓고 하나의 테이블에는 여섯 가지 잼을, 다른 테이블에는 24가지 잼을 놓고 시식한 후 구입할 수 있도록 했다. 그 결과, 처음에는 더 많은 종류를 시식해볼 수 있는 테이블에 사람이 몰렸으나 실제로 시식해본 잼의 수는 두 테이블에서 큰 차이가 없었다. 그리고 실제 구매에서 여섯 가지 잼을 놓은 테이블에서 시식한 고객은 30%가 잼을 구입했으나, 24가지 잼을 시식할 수 있는 테이블에서는 실제 구매한 고객이 3%밖에 되지 않았다.

선택의 폭이 4배 넓었던 테이블의 판매율이 오히려 1/10로

수많은 선택지 앞에서 망설이는 사람들

낮은 결과를 나타낸 것이다. 이는 그동안 "선택의 폭이 넓으면 더욱 좋을 것이다"라고 생각해온 통념을 깨는 실험 결과였다. 사람들은 '너무 많은' 선택지를 받으면 결정에 어려움을 겪고 오히려 선택을 기피하는 경향을 보인다. 따라서 엄청난 정보를 접하는 요즘 사회에 콘텐츠 큐레이션이 주목받는 것은 어쩌면 당연한 결과일 수 있다.

그러나 콘텐츠 큐레이션 서비스를 사용하는 사람들은 가끔 의문을 가진다. 이 매체는 왜 이 콘텐츠를 나에게 추천했을까? 이것은 어떤 과정을 거쳐서 추천된 콘텐츠인가? 대부분의 매체들이 기업의 핵심 기술이라고 말하는 AI 알고리즘은 도대체 무엇일까? 그래서 우리는 내가 좋아할 것이라고 생각하며 그들이 추천하는 콘텐츠가 정말 추천인지 광고인지 혼란스러운 순간이 있다.

콘텐츠 소비는 매체들의 추천에 의해 과거보다 훨씬 편리해졌지만, 우리의 선택을 타인에게 맡기고 있다는 사실을 외면할 수 없다. 콘텐츠 큐레이션은 기본적으로 오랜 기간 축적된 다른 사용자의 데이터와 나의 활동 내역을 분석한 내용을 기반으로 이루어진다. 따라서 내가 원하지 않더라도 나의 활동 내역이 지속적으로 수집되고 있고, 이 내용이 나를 위한 추천뿐만 아니라 다른 사람들의 추천에 활용될 수 있다. 또한 검증되지 않은 타인들에 의한 정보가 큐레이션에 반영되면서 엉뚱한 결과를 가져올 수도 있다.

매체들의 큐레이션에 관한 후기를 살펴보면 "일할 때 집중이 잘되는 노래를 찾아서 몇 번 들었더니 그런 노래만 계속 추천해주더라"라거나 "아이들을 위해 애니메이션을 보여줬더니 애니메이션만 추천해준다" 등의 불만을 심심치 않게 볼 수 있다. 많은 매체들이 이러한 문제를 해결하기 위해 노력하고 있지만,

한 명의 사용자가 상황과 목적에 따라 각기 다른 콘텐츠를 원하는 상황에 최적화된 대응을 하기란 쉽지 않은 것이 사실이다.

인터넷상에서 개인적 성향에 맞는 콘텐츠들이 큐레이션 되어 제공되면서 사용자가 편향된 정보만 받게 되는 현상을 '필터버블(filter bubble)'이라고 부른다. 여행을 좋아해서 관련 정보를 검색하면 어느새 SNS에 여행 콘텐츠들이 보이고, 신발을 사고 싶어서 몇 번 검색하면 신발 관련 정보들이 목록에 등장하며, 특정 정치 성향을 가진 사람들은 유사한 정치 성향의 뉴스나 친구들 정보만 받게 되는 등 점점 필터링된 정보의 거품 속에 갇히게 되는 최근의 현상을 설명하는 용어다. 평소 로맨틱코미디를 좋아하더라도 액션영화를 보고 싶은 날이 있고, 록 음악만 듣다가도 재즈가 듣고 싶은 날이 있다. 콘텐츠 큐레이션이 선택의 폭을 좁혀 선택의 편리성을 제공하고 있지만, 그만큼 다른 새로운 것을 시도해볼 가능성을 제한받고 있는 것은 아닐까?

경제학 연구자이자 작가인 마이클 바스카(Michael Bhaskar)는 자신의 저서 《큐레이션: 과감히 덜어내는 힘》에서 "우리의 선택은 곧 우리를 규정한다"라고 했다. 콘텐츠 큐레이션이 우리의 선택을 도와주지만, 결국 최종 선택은 우리가 하는 것이다. 이는 우리의 정체성이다. 더욱 적극적인 피드백과 선택이 바탕이 된다면 콘텐츠 큐레이션이 우리에게 제공할 편리성과 전문성의 힘은 앞으로 더욱 확장될 것이다.

나혜영

살롱문화

(salon culture)

'살롱'이라는 단어는 섹시하다. 개인마다 차이가 있겠지만, 적어도 필자에게 주는 느낌은 그렇다. 아름다운 여인이 우아한 차림으로 고풍스런 의자에 기대어 차를 마시고 있을 것 같은 설렘을 준다.

한국인에게 살롱이라는 단어는 어떤 의미일까? 1990년대였던가? 재즈 라이브가 없던 시대의 '재즈카페' 같은, 혹은 머리를 하기 위해 가는 미장원이 어느 순간부터 고급진 느낌의 헤어살롱으로 불리게 된 것 같은 걸까? 그런데 그런 '살롱'이라는 단어가 갑자기 트렌디한 단어로 부각되었다. 어느 순간부터 여기저기 살롱이라는 문구가 적힌 간판이 보인다. 살롱이라는 단어가 주는 고급진 느낌을 넘어선 진정한 살롱의 의미를 찾아가고 있는 것일까?

많은 사람들은 이제 홍보를 위한 수단으로 SNS를 활용하는 것이 필수라고 생각한다. 세계적인 성공을 거둔 방탄소년단도 대형 엔터테인먼트회사에 속해 있지만, SNS를 통해 '아미'라는 군단을 거느리게 되면서 세계적인 스타 반열에 올랐다. 해외의 어떤 스타들은 자신의 SNS에 어떤 특정 상품을 들거나 착용하는 것으로 거액의 돈을 받는다. 그만큼 SNS는 새로운 홍보 트렌드다. 그런데 또 하나 흥미로운 것은 언제부터인가 사람들이 남의 삶을 엿보는 것으로 만족하던 것에서 내 삶을 알리는 '유튜버' 같은 미디어 활동에 더 흥미를 가지게 되었다. 오직 자기 자신을 위해 집중하는 삶이 중요하다는 인식을 가지게 된 것일까? 그런 영향 때문일지도 모른다. 온라인이 피로하게 여겨진 걸까? 이제 개인의 관심사가 온라인에서 오프라인 쪽으로 이동하고 있는 듯하다.

그런 움직임 중의 하나가 바로 '살롱문화'다. 살롱문화는 최근 2030 세대 사이에서 매우 인기 있는 트렌드로 자리 잡아가고 있다. 기사도 꽤 많이 볼 수 있다. "[Trend] 2018 대한민국 '살롱문화'에 빠지다… SNS 피로 20·30, 취향 따라 살롱에 집결"에서는 살롱문화에 대한 트렌드와 살롱문화 콘텐츠에 대한 필요성을 서술하고 있다. 2019년의 트렌드를 예측한 《라이프 트렌드》(2019)에서는 "한국에서 프랑스 살롱문화가 부활한다!"라고 했다. 그 예측은 맞았다.

1 살롱의 시작

르네상스 시대에 프랑스에서 시작된 살롱문화는 17세기와 18세기에 이르러 꽃을 피웠다. 처음에는 그저 귀족들의 단순한 사교나 오락을 위한 것이었는데, 그 문화는 17세기부터 남녀와 신분 간의 벽을 깬 '대화'와 '토론장'으로, 혹은 '문학 공간'으로 문화와 지성의 산실이자 중개소 같은 역할을 하게 된다. 살롱의 대부분은 여성들이 운영하고 주도했기 때문에 여성들의 사회 활동의 장이 되었고, 그녀들은 남녀노소나 신분을 가리지 않고 예술적 재능과 언변, 예의 바른 사람들을 초대했는데, 예술가뿐만 아니라 문인, 저술가, 현학자, 정치인 등이 드나들었다. 대부분의 살롱은 오후 2시부터 10시까지 문을 열었고, 문화에 대한 토론뿐 아니라 간단한 식사와 술, 공연 관람, 그리고 춤도 추면서 대화의 장을 펼쳐나갔다. 살롱 주인의 취향에 따라 순수한 문학 공간, 사교 중심의 문학 공간, 공연 중심의 문학 공간, 토론 중심의 문학 공간 등으로 나누어져갔다.

그러다가 18세기에 들어서면서 살롱은 운영방법이나 성격에서 차이가 나기 시작한다. 그것은 정말 흥미로운 일인데, 초기의 살롱이 지금의 독서 토론 같은 형식을 띠었다면 18세기 후반부터는 점차 철학과 정치에 대한 토론 및 국제적인 사교장, 문화 교류의 장, 외교의 장으로 그 역할이 확대되어 살롱이 단순히 독서나 문화예술의 교류에 그치지 않고 정치외교에도 영향을 미치고 프랑스의 계몽사상을 이끌어내는 주춧돌 역할을 한 것이다. 물론 그 이후에도 살롱은 계속 이어졌지만, 18세기처럼 정치적·사회적 이슈를 끌어내지는 못했다. 19세기에는 지금 우리가 가깝게 접할 수 있는 작가들이나 화가들이 이 살롱의 영향을 받았다.

〈루이 15세 시대, 조프랭 부인 집에서 열린 저녁 연회〉(1755)

2 한국의 살롱문화

한국의 살롱문화라고 할 수 있는 모양새가 갖춰진 것은 2017년쯤으로 보인다. 살롱이라 할 수 있는 몇 개의 대표적인 곳이 2017년을 중심으로 시작되거나 급부상했기 때문이다. 그렇다면 살롱문화가 동아리와 다른 점은 무엇일까?

동아리는 청소년들과 대학생들이 학교 안에서 전공 이외에 흥미를 함께하는 순수한 모임이다. 여기서 '순수하다'는 말은 경제적인 면이 부각되지 않는다는 뜻이다. 좋아하는 것을 함께하고, 어떤 비즈니스도 결부되어 있지 않으며, 친목 도모의 성향도 있다. 동아리는 장소도 크게 중요하지 않다.

동아리가 순수한 의미의 같은 취향을 가진 사람들끼리의 모임이라면, 살롱의 경우는 제공하는 자가 경제적인 이득을 염두에 두고 서비스를 제공한다는 면에서 동아리와는 큰 차이를 보인다고 할 수 있겠다. 또한 살롱은 장소의 역할이 중요하므로 그저 작은 공간이나 특별한 공간이 필요 없어 필요한 때 빌려서 쓰는 동아리와는 차이가 있다. 서로 같은 관심사를 가진 각계각층의 사람들이 만난다는 것 또한 다른 점이다. 또한 동아리는 회비가 없거나 있어도 매우 작은 수준이지만, 살롱에 가입하기 위해서는 상당한 금액을 지급해야 한다. 독서모임이 돈을 버는 수단이 되는 시대가 오리라고는 아무도 상상하지 못했다.

3 대표적인 한국의 살롱 소개

2교시

2013년에 시작된 직장인 네트워크 슬링(SLING)이 2017년

'2교시'를 론칭했다. CEO 박종윤 씨가 운영하는 2교시는 따분하고 수동적인 직장생활이 '1교시'라면, 직장인들이 능동적으로 좋아하는 취미생활을 영위하는 것을 '2교시'라고 명명했다. 직장인 네트워크 슬링이 5년간 1천 회 정도의 모임을 가진 네트워크 '2교시'에는 독서, 전시회 방문, 테니스, 골프, 볼링, 회계, 마라톤, 캘리그라피, 복싱, 일기 쓰기, 발레모임 등 우리가 상상할 수 있는 다양한 프로그램이 진행되고 있다. 거기에 '스팟 활동'이라는 이름으로 매달 진행되는 프로그램에서는 한두 번만 참여하고 싶은 사람들에게 맛보기 체험도 허용하고 있다.

소셜 문토(munto)

2017년 3월에 취향 기반의 소셜 모임 공동체로 시작했다. 2교시가 직장인을 위한 네트워크라면, 문토는 개인을 위한 유료 네트워크다. 개인의 취향에 맞추어 모임을 정하고 격주에 한 번씩 시즌제로 운영한다. 한 시즌은 3개월이다. 리더 중심제로 주제를 가지고 운영하는데, 정기 모임과 행아웃 모임을 번갈아

소셜 문토 정기 모임 [출처: 문토]

소셜 문토의 '어쨌든 마케팅' 모임 [출처: 문토]

가며 한다. 문토의 대표 이미리 씨는 인터뷰(The Korea times, 2019년 7월 6일자)에서, 처음에는 대표 자신의 필요에 의해 몇몇이 모임을 갖는 형식으로 시작했다가 수요가 늘어나면서 1년 후 비즈니스로 전환하게 되었다고 했다. 비즈니스로 전환하면서 《월간 미술》 에디터, 《시사저널》 경제팀 팀장, '예술의 전당' 클래식음악 전문 기획자, 〈수요미식회〉 출연 셰프를 비롯하여 현재 각 분야 최고의 전문가들을 모임 파트너로 영입했다. 2017년 단 2개의 모임으로 시작한 문토가 지금은 음악, 미술, 미식, 글쓰기, 경제, 경영 등 분야를 망라한 주제별 모임 플랫폼으로 성장하여 한 해에만 200여 개 이상의 모임을 기획하여 진행하고 있고 매 분기 150% 이상 빠르게 성장하고 있다. 삶의 활력을 주는 커뮤니티 플랫폼을 만들고자 하는 문토는 국내 최대의 플랫폼을 형성하는 데 주력하고 있다고 한다.

트레바리

2015년 윤수영 대표가 창업한 유료 독서모임으로, 최근 가장 핫한 곳 중 하나다. 독서모임에 강제성을 곁들여 사업으로 키운 트레바리는 '남의 말에 반대하기를 좋아하는 사람'이라는 뜻의 순 우리말이라고 한다. 한 달에 책 한 권을 읽고 모임을 갖는데, 관련된 이벤트나 행사를 열기도 한다. 80명으로 시작한 회원이 2년 만에 1,400명이 되는 기염을 토했다. 한 달에 한 번 모이며, 클럽장이 있는 경우 한 시즌(4개월)에 29만 원을 내고 독후감을 미리 내야 모임에 참여할 수 있는 강력한 시스템이다. 또한 클럽장이 유명인이면 웃돈까지 내야 한다. 이래저래 불만의 목소리가 있었고, 결국 사교모임 아니냐는 볼멘소리도 있었지만 어찌되었든 인기를 끌었다. '세상을 더 지적으로, 사람들을 더 친하게'라는 트레바리의 홍보 글을 보고 가입하게 되었다는 어느 후기가 마음을 끈다. 모든 사람이 다 같은 마음은 아니겠지만, 우리의 가슴 한켠에는 좀 더 나은 사람으로 살고 싶은 욕구가 있다. 트레바리뿐만 아니라 살롱문화가 그것을 건드려주는 것이 아닐까.

취향관

프라이빗 소셜 모임으로, 시즌제이며 유료 공간이다. 공간이 매력적인 곳으로, 대표적인 한국의 살롱 중에서 공간의 중요성을 가장 잘 알고 있는 듯하다. 멤버가 각자 취향을 공유하는 멤버십 서비스로, '취향관' 같은 장소는 보는 순간 마음을 사로잡히게 된다. 취향관은 공간 기반의 콘텐츠 서비스를 제공하는데, 늘 문이 열려 있어 언제든 찾아가고 싶은 공간으로 기획되어 있다. 커피, 영화, 철학, 와인 등을 주제로 하루 평균 1~2개 살롱이 진행된다. 흥미로운 점은 자신이 공간을 어떻게 이용할지에 따라 대화를 나누는 '토커(talker)'와 사색을 즐기는 '싱커(thinker)'에 표시한 뒤 음료가 포함되어 있는 티켓을 구매하여 취향에 따라 공간을 즐기게 되어 있다. 토커와 싱커를 구분했다는 것은 말하기 좋아하는 소셜화된 사람들과 혼자 조용히 문화를 즐기고 싶어 하는 사람들을 구분하고 배려했다는 것으로 취향관의 철학을 느낄 수 있다. 이것은 오직 장소가 주는 특별함으로, 독서 위주의 살롱들과는 차이가 있다.

아그레아블

강남 최고의 독서모임이라고 할 수 있다. 월 이용자만도 1,700여 명 이상이다. 참가비 정도만 있고, 모임 참가가 매우 자유로운 스타일이다. 트레바리처럼 독후감을 꼭 내야 하는 강제성도 없고 출석도 자유롭다. 주 3회 정기적으로 모이는데, 정기모임 외에도 희망자들을 위한 자체 모임이 있다. 모임에 여러 번 출석한 사람이 조장이 되어 7~8명씩 순서대로 팀을 이루어 모임을 하는데, 한 주 동안 본인의 관심사에 대해 이야기를 나누는 것으로 시작한다고 한다. 또한 아그레아블의 어떤 모임은 한 권의 책을 모두 읽는 것이 아닌 각자 읽은 책으로 각자의 이야기를 하는 방식으로 진행하는데, 이러한 방식이 참여자로 하여금 편하게 이용하게 만드는 노하우가 되는 것 같다. '트레바리'나 '문토'에 비해서는 가입비가 저렴한데, 수익 창출을 위한 회사는 아닌 듯 보인다.

헤이조이스

2018년 이나리 대표에 의해 시작되었으며, 일하는 여성만 가입할 수 있는 멤버십 커뮤니티다. '왜 여자들만인가?' 하는 의구심이 들었는데, 2019년 《경향신문》 인터뷰를 보니 이해가 간다. 이나리 대표가 남자들 세계에서 27년간 일하며 겪은 일들이 바탕이 되어준 것이다. 이 모임은 독서모임이 아니다. 사전 투어 프로그램으로, 시세말로 간 보고 참여할 수도 있게 구성한 것도 특징이다. "영원히, 나답게"라는 구호는 우리나라 여성들의 로망인지도 모른다. 롤모델이자 친구가 되어줄 각계각층의 대표격 여성들을 모시고 모임을 갖는다. 커리어우먼을 도와주는 커뮤니티라고 생각하면 되겠다. 멤버가 직접 무대에 서기도 하고 참여하는 'Event', 3개월간 공통의 목표를 가진 멤버들이 해당 분야의 전문가와 함께 경험과 지식을 쌓을 수 있게 지원하는 'Project', 회원이라면 누구나 참여하고 만들어볼 수 있는 'Mini. Meet'의 세 가지 구성으로, 세상의 수많은 조이스들에게 홈베이스이자 플레이그라운드, 다리이자 쿠션, 친구이자 팬이 되어주겠다는 헤이조이스의 캐치 프레이즈가 눈에 띈다.

4 유사한 형태의 서비스

한편으로 살롱문화라고 보기는 어렵지만, 모임을 위해 공간을 제공해주는 서비스도 있다. '토즈 모임센터'가 그것이다. 2016년 9월 《동아 비즈니스 리뷰》에 "공간을 판 '현대판 봉이 김선달' 공유경제시대, 글로벌 도약을 꿈꾼다"라는 문구로 사례가 실렸다. 조선 말기 평양 사람 봉이 김 선달은 희대의 사기꾼으로 기발한 에피소드를 많이 남긴 사람이었다. 2016년에 이르러 공간을 서비스하는 비즈니스를 한다는 것도 기발한 사고의 전환으로 받아들여진 것이다. 효율적으로 학습 효과를 낼 수 있는 스터디센터, '1인 오피스'를 구현해주는 '비즈니스센터', '워크센터', '모임센터' 등을 제공하는 사업이다. 좋은 공간이 필요하다는 살롱의 요건을 충족시키기는 하지만, 네트워크의 의미보다는 비즈니스로 공간을 대여해주는 개념이 훨씬 강하고 모임을 주도하거나 하지는 않기 때문에 큰 맥락에서 본다면 살롱문화에서 다룰 수 있겠지만 살롱이라고 하기에는 부족함이 있다.

5 비주류의 살롱문화

이미 살롱이라는 개념으로 비즈니스화되어 있는 2교시, 문토, 트레바리, 취향관 등의 잘 알려진 살롱 외에도 주위를 둘러보면 살롱 형태의 프라이빗한 모임이 있어왔다.

문래문화살롱

2014년부터 문래문화살롱을 운영해온 손병문 대표는 인디밴드 라이브를 콘텐츠로 문래동에서 성장했는데, 그 이후 양평문화살롱, 연희문화살롱을 연달아 오픈하면서 '살롱'이라는 이름이 트렌드화되는 것에 일조한 것으로 보인다. 또한 라이브 음악 공간뿐만 아니라 갤러리를 조합하여 복합 문화 공간으로서 문화살롱의 이미지를 만들었다. 양평문화살롱 지하의 아트필드 갤러리에서는 매달 마지막 금요일에 작가들과 일반인들이 어울리는 모임이 있다. 참가비는 전혀 없고 각자 알아서 먹을 것을 챙겨오는 포트럭 파티 형식의 이 모임은 신인작가나 전시를 원하는 작가들이 자신의 작품을 소개할 수 있는 자리로, 작가들에게

아트필드 갤러리의 포트럭 파티 [출처: 사진작가 겸 갤러리 관장 이흥렬]

나 일반인에게나 흥미롭고 유쾌한 시간이다. 이 모임을 주도하는 아트필드 갤러리 관장 이흥렬 작가는 2004년부터 장소는 다르지만 각계에서 꾸준히 활동하고 있는 예술가들과의 교류 협력을 살롱 스타일로 이끌어왔다. 이런 소규모 모임들은 다분히 살롱의 취지와 닿아 있으며, 유료 서비스가 아님에도 시간만 투자한다면 취향이 맞는 사람들에게는 좋은 네트워크가 될 것이라 생각된다.

웰니스문화살롱

웰니스문화살롱은 최근 강남의 중요한 상권이 밀집해 있는 강남역과 그 주변 지역들에 문화예술의 비중을 높이고자 하는 의도로 구성된 개인 주도 살롱이다. 살롱문화를 주도하는 층이 2030 세대라면 웰니스문화살롱의 평균 연령대는 50세다. 살롱의 마담인 정혜원 대표는 자신의 음식점을 모임의 장소로 제공하고 음식을 대접하며 각 문화계의 인사들을 모으고 있다. 이는 원조인 프랑스 18세기 살롱 스타일과 닮은 구석이 많아 보인다. 일단 여성이 주도하고, 살롱 주인의 업소에서 만나며, 독서 토론뿐 아니라 사회적인 문제들을 이슈화시켜 바꾸어나가려는 움직임이다. 단순히 몇몇 사람이 웰니스하게 잘살겠다는 의도보다는 다채로운 문화활동, 즉 독서모임, 팝송 배우기, 버스킹 기획, 여행, 요리 연구, 음악, 영화, 단체 연극 관람, 거리 공연 유치 등 살롱모임을 통해 저변을 확대하고 논현동을 문화예술의 강세인 지역으로 만들어 그 지역과 지역을 방문하는 모두에게 일거양득이 되는 일을 하고 싶다는 것이다. 이것은 우리나라 살롱문화의 방향성과 연관 지어 생각해볼 수도 있는 부분이라고 본다.

이윰스페이스(Iumspace)

2018년, 아티스트인 이윰 씨가 오픈한 살롱으로 아직은 불특정 다수가 참여하는 오픈형 모임이 아니라 호스트가 지정한 멤버로 구성하여 진행되고 있다. 각 사람의 전문영역, 성향, 비전과 소명의식 등 서로 만나면 시너지가 날 것 같은 사람들을 선발하여 보편적인 교류 외에도 마음이 합해지는 지점에서 프로젝트 베이스의 살롱으로 발전시키고자 하는 목표를 가지고 있다고 하는데, 프랑스의 전통적인 살롱의 의미를 가장 잘 살리고 있는 살롱이 아닐까 한다. 문화예술, 과학기술, 경영, 미디어, 교육 등 다방면의 전문가 그룹인 adviser 그룹, 문화예술을 중심으로 한 창작가 그룹인 creator 그룹, 참여를 중심으로 하는 family 그룹의 3개의 트랙으로 나누어 구성되어 있으며 향후 더 다양한 트랙의 살롱들이 개설된다고 한다. 이윰의 행보가 기대된다.

이윰스페이스의 adviser 그룹 [출처: 이윰스페이스]

문화카페 '꽃피우다'

전국에 많은 종류의 콘셉트를 가진 카페들이 있지만, 카페의 목적을 '문화'에 두고 있는 곳이 있다. 양평 행복누리조합 이사 최경애 씨는 2019년 초 문화카페 '꽃피우다'를 오픈할 때 명상 수업, 음악 관련 수업, 미술 수업의 세 가지 콘셉트를 가지고 오픈했다. 카페를 운영하면서 날짜와 시간을 정해 매주 정기적인 수업을 진행해왔는데, 취향을 함께하는 사람들이 모여 수업을 받으며 친목을 쌓아간다. 또한 지역 주민을 위한 소규모 열린 음악회를 수준 있게 개최함으로써 지역문화 발전에 참여하는 것도 의미가 있어 보인다. 카페가 공간을 제공하면서 취향을 함께하는 사람들이 어우러지는 것 또한 살롱의 정신을 이어가는 것이 아닐까? 카페라는 공간을 제공하고 카페의 대표가 살롱의 마당 역할을 하는 것이니 말이다.

문화카페 '꽃피우다'의 음악 강좌 [출처: 꽃피우다 최경애 대표]

6 한국에서 살롱문화가 생겨나게 된 배경은 무엇일까?

소셜 네트워크는 이제 전 세계인의 문화다. 그리고 더 이상 갈 곳이 없을 만큼 정점에 와 있는 것처럼 보인다. 하지만 사람들은 더 이상 온라인을 통한 대화에 자극을 얻지 못하는 것 같다. SNS는 한때 아이러브스쿨이 성행했고, 지인들과의 소통장인 미니홈피, 밴드, 카카오스토리나 불특정 다수와 교감하는 페이스북, 트위터, 인스타그램 그리고 최근에는 틱톡까지 여러 단계를 거치며 발전해왔지만, 결국 사람들은 SNS에 피로감을 느끼고 있는 것으로 보인다. 안 하기도 뭐하고 하기도 뭐한? 또한 오프라인에서는 독서모임 같은 만남을 통해 나와 전혀 관계없어 보이는 사람들과 수평적인 관계를 유지하며 편안하게 대화를 나눌 수 있는 장점도 있다. 거기에 같은 관심사를 가진 사람들끼리 만난다면 그것은 더할 나위 없이 즐거운 일이 될 수도 있다.

7 살롱 공간의 중요성

필자의 소견으로 공간은 살롱에 중요한 요소가 되는 듯하다. 살롱문화 초기 프랑스의 경우는 집에서 이루어졌는데, 귀족의 집은 방과 용도가 다양했으므로 주인의 취향에 따라 용도에 맞게 게임룸, 음악룸 등으로 꾸며질 수도 있었다. 현대사회의 모임은 그 의미나 형태가 변형되었지만, 역시 누가 어떤 공간을 제공하는가에 따라 그 모임의 성과에 영향을 미칠 수 있지 않을까 하는 생각을 해본다. 실제로 어느 논문에서 발췌한 내용을 보면, "살롱의 모임 장소는 실제 공간에서 나타나는 주제에 대한 분위기를 조성하기 때문에 살롱의 주최자는 다른 사람들과 공감할

'이윰의 판타지 살롱' 실내 데코레이션 [출처: 이윰스페이스 이윰 대표]

수 있는 능력을 고취시키기 위해 공간 안에 미적인 감성을 표현하려 노력했다"라고 했다. 그 모임의 환경과 장소의 역할은 모임의 성격에 영향을 미칠 수 있다는 생각이다.

앞서 언급한 이윰스페이스는 '이윰의 판타지 살롱'이라는 제목으로 모임을 했는데, 흥미로운 것은 공간이다. 사람들의 상상력을 도울 수 있는 실내 데코레이션을 하고 〈이상한 나라의 앨리스〉에서 가져온 아이디어로 모임을 주도했다. 이윰스페이스와 앞에서 소개한 취향관은 이렇듯 살롱 주인의 의도에 어울리는 멋진 공간을 제공함으로써 전통적인 면에서 살롱의 역할을 구체화한 것으로 보인다.

8 한국 살롱문화의 전망

프랑스의 살롱문화가 후세에 영향을 미친 것은 단지 오락을 위한 것이 아니라 한 시대의 역사를 만드는 역할을 하기도 했기 때문이라고 생각한다. 굳이 17~18세기의 프랑스까지 거슬러 올라가지 않아도 우디 앨런 감독의 2011년 영화 〈미드나잇 인 파리〉를 보면 간접적으로나마 느낄 수 있다. 그 안에서 피츠제럴드, 헤밍웨이 등 굵직한 작가들의 글을 읽고 조언해주는 여성 작가 거트루드 스타인(Gertrude Stein, 1874~1946)을 만날 수 있다. 스타인은 미국 태생이지만 프랑스에서 살았는데, 1920년대에 수많은 미국 작가들이 파리로 이주했을 때 파리에서 살롱을 운영했다. 거기에 드나들던 사람들 중 거장 헤밍웨이나 《위대한 개츠비》의 작가 스콧 피츠제럴드가 있었고, 그 외에도 우리가 알 만한 많은 예술가들이 드나들며 스타인의 조언을 들었다. 현대에 살롱의 마담 역할을 제대로 해낸 대표적인 인물이라고 본다.

한편 우리나라의 살롱은 어떨까? 독서모임이 매우 고무적인 현상인 것 같다. 네덜란드의 작가 하위징아는 그의 저서 《호모 루덴스》에서 '놀이하는 인간'에 대해 이야기했다. 100세 시대가 된 지금, 교육이 중요한 삶의 지침이 되어 줄 것인데, 놀이로서의 평생교육은 너무나 재미있을 것 같다. 그러나 기업 개념으로서의 살롱이 사회적인 요구에 얼마나 부응해줄 수 있을 것인가에 대해서는 아직 숙제로 남아 있다. 하지만 최소한 피톤치드 같은 역할은 해줄 수 있지 않을까? 또한 살롱의 성격마다 마치 거트루드 스타인처럼 개인적 성향의 소규모 살롱이 부흥한다면 사회적으로나 정치적으로 더 큰 힘을 발휘할 수 있지 않을까 하는 조심스러운 전망도 해본다.

3부

우리는 트렌드를 구입한다

아트인가, 제품인가
(artistic products)

신창엽

1 도입

기술과 예술, 디자인이 공존하는 하이브리드 시대가 도래했다. 성능이 강조되던 과거의 제품시장에서는 최첨단의 기술력이 제품의 경쟁력을 가늠하는 가장 중요한 지표였다. 당시 디자인은 주요 비즈니스 전략에서 소외되었다. 우리나라의 대표기업인 삼성과 LG 또한 신기술 개발을 통한 제품 성능의 향상에 집중해왔다. 그리고 소비자가 원하는 제품의 세부적인 옵션을 선택할 수 있게 함으로써 다양한 제품군을 제공하는 전략을 채택했다. 하지만 기술의 고도화와 기업 간 기술력의 평준화로 인해 최첨단 기술에 기댄 차별화 전략보다는 소비자의 마음을 사로잡을 수 있는 감성적인 디자인이 더해져야만 시장에서 경쟁력을 가질 수 있다. 시장에서 제품의 경쟁력 향상에 첨단기술과 새로운 기능은 더 이상 유일무이한 지표가 아니며, 품질은 물론이거니와 그 제품의 심미적 요소가 크게 강조되기 시작했다. 예를 들어 LG전자의 '시그니처', 삼성전자의 '셰프 컬렉션' 등은 최첨단 기능에 세련된 디자인을 더한 최고급 프리미엄 제품라인으로 등장했고, 이러한 콘셉트를 통해 큰 반향을 일으킨 바 있다.

기업의 디자인 연구소에서는 제품의 형태적 아름다움(looks good)과 관련된 심미적 요소나 사용 편리성(works well), 그리고 합리적인 가격(feels great)을 고려하여 제품을 개발하는 '굿

디자인(good design)' 개념은 물론이거니와 고객의 라이프스타일을 제안하는 감성적인 움직임까지 보인다. 최근 LG전자에서는 1인 가구를 겨냥한 소형 가전들을 프리미엄화하는 시도로, 2018년 11월 프리미엄 프라이빗 가구 가전인 'LG Objet'를 론칭했다. 삼성전자 또한 2019년 4월 맞춤형 가전 '프로젝트 프리즘' 시리즈의 일환으로 개인 맞춤형 주문제작 'Bespoke' 냉장고를 론칭했다. 개성을 중시하는 시대에 가전 영역 또한 개인이 가진 독특한 니즈를 충족시키고 그들의 라이프스타일을 제안하는 제품을 선보인다. 디자인은 기업경영의 주요 전략 요소로 활용하여 시장에서 필요한 문제를 해결하고, 가치를 새롭게 창출하며, 유용한 것을 만들어낼 뿐만 아니라 기업의 목표를 달성하여 새로운 비전을 창출하는 역할을 한다.

2 기술과 예술 그리고 디자인

원래 예술은 어떤 것을 제작하는 능력인 기술과 같은 의미로 정의되었고, 4차 산업혁명 시대인 현재도 예술의 영역은 기술과 융합된 미학의 영역에 존재한다. 고대 그리스어 '테크네(techne)'가 의미하는 것은 예술적인 창작물뿐 아니라 그 창작물을 창조하는 기술, 콘셉트, 과정, 장인정신을 포함한다. 예술가와 기술자가 분리되어 있는 것이 아니라 예술가가 기술자가 되고 기술자가 예술을 하는 상황이었다. 테크네는 로마에서 '아르스(ars)'로 변화되었으며, 그 이후 '아트(art)'와 '기술(technology)'로 분리되어 사용되었다. 이처럼 기술과 예술의 영역은 분리할 수 없는 유기적 관계였으며, 예술의 영역은 과학기술을 적극 수용했다.

천재 작가인 레오나르도 다빈치는 예술뿐만 아니라 음악, 화학, 천문학, 건축학 등 다양한 분야에서 활발히 활동했으며, 아인슈타인의 상대성 이론을 작업에 반영한 피카소, 예술과 산업을 융합하려는 시도인 공예운동(Arts and Crafts Movement), 모든 예술을 건축 속에 통합하고자 한 사조인 바우하우스, 순수 예술과 실용예술 사이의 벽을 허문 아르누보(Art Nouveau), 기차와 여객선, 라디오나 진공청소기 같은 일상 사물까지 포괄한 아르데코(Art Decoratif), 백남준의 비디오아트, 애플의 미디어 제품 등 다양한 예술 사조에서 예술의 영역과 기술은 밀접한 관계를 맺어왔다.

첨단 디지털 기술의 출현과 발전은 우리의 삶에 많은 변화를 야기하며 기술, 예술, 디자인, 인문학 등 다양한 분야 간의 융합을 촉진한다. 앞으로 기업의 디자이너들은 주요 의사결정에 참여하는 다양한 분야 전문가들의 협업이 원활하게 이루어질 수 있도록 촉매해주는 매개자로서의 역할을 수행할 것이다. 이러한 기술과 디자인의 융합은 새로운 가치와 아름다움을 창출하고 산업 경쟁력의 핵심으로 자리 잡고 있다. 이러한 융합을 통해 창조된 혁신적 가치는 소비자의 감성을 소구하여 기존에 존재하지 않는 새로운 시장과 소비를 창출한다.

많은 기업들은 디자인을 전략적 수단으로 활용하여 기업의 목표 달성과 가치 극대화를 추구할 뿐만 아니라 디자인 중심의 프로세스를 통해 새로운 제품의 도입과 새로운 아이디어 또는 방법을 소개하고 혁신을 이루는 사례가 늘어나고 있다. 기업은 디자인에 대한 명확한 비전과 철학을 가지고 지속적인 관심과 투자가 필요하며, 기업에 맞는 디자인 경영 시스템 구축이 필요하다.

3 디자인 중심의 혁신 사례

첨단 기술력이 시장을 선도하는 혁신의 주요 요소였던 과거와 달리 혁신으로서의 디자인의 중요성이 대두하고 있다. 현대 사회에서 디자인은 미학적 측면인 심미성에서 디자인 과정 차원의 접근방법을 거쳐 전략적 차원과 혁신으로 역할이 확장되고 있다. 디자인은 기업의 전략과 새로운 제품 또는 서비스 개발 프로세스를 관장하여 기업의 비전이나 가치창출에 중요한 역할을 하고 있다. 덴마크 디자인센터(Danish Design Centre)는 디자인의 개념 변화(the design ladder)를 4단계(no design → styling → process → design as innovation strategy)로 설명했다. 디자인이 시장에서 혁신을 이룰 수 있는 중요한 요소로 자리 잡으면서 디자인 중심의 새로운 제품과 서비스를 통해 혁신을 이루는 사례가 늘어나고 있다.

기능성, 그리고 형태의 미: 브라운(Braun)과 디터람스

기능과 품질, 더불어 형태의 조화 측면까지 모두 만족시킨 제품들은 시간을 초월해 사랑받는다. 기능성과 조형성 모두에 중점을 둔 독일의 프리미엄 가전 브랜드 브라운(Braun)사의 제품들은 우리의 일상생활에서 자주 사용하는 평범한 제품들이지만 어디에 두어도 잘 어울린다. 일상생활에서 문제점을 발견하고 정확하게 문제를 정의하여 근본적인 해결책을 제시함으로써 새로운 가치를 발견한다.

브라운사의 대표 디자이너 디터람스는 "미학은 좋은 디자인 안에서 강력하게 표현되며, 유용성과 미학은 각기 존재할 수 없다"고 말했다. 그는 사용자의 관점에서 디자인에 접근하는 UX 개념이 정립되기도 전에 제품 사용을 용이하게 하는 디자인 제품들을 선보였으며, 디자인에서 단순 심미적 특성뿐만 아니라 일상생활에서 사용 적합성과 사용자의 인체공학적 부분을 반영했다. 제품의 본질에 대한 명확한 해석과 탄탄한 기술력을 바탕으로 디자인하는 그의 디자인 원칙은 혁신의 의미가 무엇인지 상기시켜준다.

제품의 기능과 형태에 대한 끊임없는 연구를 통해 새로운 세상을 만들어가고자 한 디터람스는 50여 년간 누구도 따라갈 수 없는 독보적인 업적을 남겼다. 화려하게 과장해서 만드는 것이 아니라 간단명료하면서도 기본에 충실한 디터람스의 디자인 철학은 애플의 수석디자이너 조나단 아이브의 아이폰, 무지의 디자이너 후카사오 나오토의 환풍기 모양의 CD플레이어 등 혁신적인 디자인에 많은 영감을 주었다. 대량으로 생산하는 제품에 생명을 불어넣고자 한 디터람스의 고민과 디자인 철학을 통해 그의 디자인은 시대를 초월하여 현재까지도 사랑받고 있으며 지속 가능한 디자인을 실현했다. 디자인은 단순히 제품의 미적인 측면만 강조한 스타일링 위주가 아닌, 전략적인 솔루션 제공과 혁신으로 그 역할이 확장되고 있다.

브라운사의 테이프 리코터

애플의 디자인 혁신과 경영

애플 제품을 사용하면서 애플을 무조건적으로 열광하고 추종하는 소비자를 '애플빠', '앱등이' 등으로 일컫는다. 이렇듯 애플의 신비감에 빠진 소비자는 전 세계적으로 많다. 애플의 신제품 출시일 아침에는 소비자가 매장 앞에서 노숙까지 하며 출시를 기다리는 진귀한 광경이 연출된다. 애플 매장 앞에 줄을 서서 기다리는 소비자는 마치 미술관의 명작을 관람하는 관객, 경매장에서 낙찰을 받은 낙찰자만큼이나 설레며 기뻐한다. 애플 제품에 대한 그들의 열광은 거의 숭배에 가깝다. 애플 신제품 출시 과정이나 스티브 잡스의 기조연설 현장에서는 예술작품에서나 느낄 수 있는 아우라인 숭고의 기운을 감지할 수 있다.

스티브 잡스의 혁신적이고도 미래적인 디자인은 '애플'이라는 기업을 엄청나게 성장시켰으며, 전 세계에 수많은 애플 마니아를 탄생시켰다. 이는 가지고 싶은 욕구를 불러일으키는 제품의 심미성과 사용자 경험 중심 기반의 콘텐츠 디자인과 관련이 깊다. 애플의 제품은 디자인에 감성을 부여할 뿐 아니라 사용자에게 젊고 창의적이며 혁신적인 이미지까지 부여한다. 또한 가장 직관적인 인터페이스(interface)를 기반으로 프로그램이 설계되었고, 최첨단 기술의 집합체이지만 디자인에서는 아날로그의 향수 또한 느낄 수 있다.

애플이 아이폰을 처음 론칭한 시기에 이미 시장에서는 블랙베리와 노키아의 스마트폰이 판매되고 있었다. 당시 비좁은 화면을 차지한 수많은 버튼과 스크롤바는 스마트폰의 큰 숙제 중 하나였다. 기존의 버튼형 입력 시스템에서 애플의 터치 디바이스 및 관성 스크롤 도입은 아무도 생각하지 못한 획기적인 아이디어였다. 고객의 경험에 기반을 두고 당연히 있어야 한다고 생각했던 버튼을 생략하는 등 극도의 간결함을 추구하는 '덜어

제품 출시일의 애플 스토어

내는 디자인'의 심플함은 오늘날의 디자인 경향을 혁신하고 선도했다. 이는 사용자가 어떻게 사용할 것인가를 끊임없이 고민하고 연구한 결과물이다. 애플의 또 다른 경쟁력은 하드웨어뿐만 아니라 소프트웨어 영역에서도 끊임없이 R&D를 추구한 점, 제품뿐만 아니라 제품 패키지의 개봉 의식을 고려한 섬세함에도 애플의 철학이 고스란히 담겨 있다.

추억을 공유하는 매개체, 발뮤다(BALMUDA)

얼어붙은 빵을 살려내는 '더 토스터' 기기로 유명한 발뮤다 제품은 단순하지만 제품의 본질에 집중하여 소비자가 원하는 부분을 충족시킨다. 발뮤다의 제품은 기본 기능의 우수함은 물론이거니와 제품의 소재와 디자인, 마감재를 살펴보면 과거 장인들이 손수 제작한 공예품과 다르지 않을 정도로 완성도가 높다. 흰색, 검정색 등 무채색을 주로 사용하는 발뮤다의 제품들은 심플하면서도 아름다운 디자인이 특징이다. 발뮤다의 디자인은 완성도 높은 레이아웃, 재질, 컬러의 조화, 디자인의 스타일링에 목적을 두지 않고 그 이상의 가치를 가진다. 발뮤다의 간결한 디자인은 소비자의 마음을 움직이고 경험을 떠올리게 하는 매개체와 같다. 디자인에 자연의 원리를 담은 제품은 '아름답다', '기분 좋다', '멋있다' 같은 인간이 아름다움을 느끼는 감각에 집중하며, 소비자는 제품 사용의 경험 자체를 즐거움으로 받아들이게 된다.

즉 제품 그 이상의 경험, 새로운 가치를 더해 제품을 디자인했다. 발뮤다의 제품들은 창문으로 불어들어오는 자연바람, 갓 구운 빵 냄새, 할머니에 대한 그리움 같은 섬세하고도 유쾌한 경험을 환기시킨다. 특별한 상황에서의 경험은 오래도록 기억에 남는다. 특히 유쾌한 감각적 체험은 더욱 인상 깊게 회상된다. 제품의 기능에 대한 아이디어를 넘어서서 사용자가 제품을 통해 어떤 경험을 갖게 되고, 삶에 꼭 필요한 도구로서 어떤 형태와 가치를 느끼게 되는지에 대한 고민이 제품 탄생의 밑바탕이 된다. 소비자의 감성을 소구하고 공감을 이끌어내는 사용자 중심의 신제품은 혁신을 이끌 가능성이 매우 높다. 앞으로의 제품은 물질 이상의 가치, 발뮤다의 따뜻함 같은 인간미를 느낄 수 있는 디자인이 필요하다.

발뮤다사의 '더 토스터'

작품 같은 전자제품, LG Objet

백색가전 하면 '금성(LG)'이 떠오를 정도로 브랜드 인지도와 고객 충성도가 매우 높았다. 전자제품시장에서 세탁기, 냉장고는 첨단기술을 기반으로 하여 주로 흰색과 아이보리 컬러 위주로 무난한 디자인의 기능 중심인 가전이 주를 이루었다. 대부분의 가전제품은 성능만을 강조해 주변 공간과의 조화는 고려하지 않는 디자인이 대부분이었다. 그러나 오늘날에는 집에서 보내는 여가의 가치를 중시하는 사람들이 증가하면서 개인의 생활 패턴과 취향에 맞는 제품을 선호하는 경향이 늘고 있다.

LG Objet는 첨단 기술력과 프리미엄 가구가 만나 공간 분위기를 연출할 수 있다는 것을 보여주었다. 과거에는 예술을 멀고도 어려운 것으로 여기는 경향이 있었으나 오늘날 우리는 예술과 일상을 연결하는 하이테크 제품들로 공간을 꾸미며, 단순 전자기기가 아닌 공간을 더욱 아름답게 만들어주는 인테리어 장식으로 제품을 맞이한다. 사용자의 생활공간에 자연스럽게 조화되는 LG Objet가 대표적인 사례다. LG Objet는 천연 목재와 첨단기술의 만남을 통해 가전에 적용될 것이라고 생각하지 못한 애시와 월넛 등 천연 원목 소재를 활용해 가구와 가전을 동시에 느낄 수 있다. LG Objet는 가전과 가구를 결합한 신개념 융복합 가전으로 예술작품 또는 인테리어의 일부가 되어 공간을 더욱 아름답게 만들어준다.

첨단 기술력과 프리미엄 디자인 가구의 만남은 복합적인 기능의 사물을 만들어내는 것을 뛰어넘어 예술과 일상의 융합이라는 새로운 개념을 구현하고 있다. 단순한 가전제품을 뛰어넘어 공간에서 예술작품 같은 '오브제'의 역할을 하며 공간을 더욱 아름답게 연출해줄 것이다. 물질적 풍요의 한계 상황과 새로운 가치 변화로 심리적 가치에 대한 열망이 심화되어가면서 디

LG Objet

자인과 예술, 감성을 아우르는 것이 중요하다. 좋은 오브제는 소비자의 마음을 움직이고, 일상과 예술이 만나는 새로운 관점에서 공간과 균형을 이루며, 자연스럽고 트렌드를 좇지 않으며, 트렌드를 넘어 문화를 창조하는 것이다.

취향과 생활에 맞게: 맞춤형 가전, 삼성 Bespoke

최근 우리 사회는 가족 중심의 생활에서 1인 라이프로 변화되고, 소비자의 개인 취향이 곧 구매로 이어지는 '개성소비'가 늘어나면서 맞춤형 디자인 상품들이 인기를 끌고 있다. 삼성전자는 #Project PRISM의 첫 번째 제품으로 개인 맞춤형 Bespoke 냉장고를 론칭했다. Bespoke 냉장고는 음식을 보관하는 기능적인 역할을 넘어 공간을 연출하는 새로운 역할을 가지게 되었다.

삼성은 제품의 기능과 형태를 표준화하여 시장에 제공하고 고객이 이를 소비하는 기존의 방식에서 벗어나 구매하고자 하는 냉장고의 재질, 색상, 형태, 사이즈 및 디자인을 취향에 맞게 고객이 직접 선택할 수 있게 함으로써 특정 소비자의 라이프스타일에 최적화된 Bespoke를 제공한다. 고객을 세분화된 타깃집단으로 한정짓지 않고 개인의 특성과 취향에 맞게 제작할 수 있

삼성 Bespoke

는 새로운 커스터마이징 가전제품 시대를 열었다.

Bespoke 냉장고는 개인이 원하는 라이프스타일, 가족 수, 주방의 형태에 따라 4도어, 2도어, 1도어 냉장고 · 냉동고 타입을 모듈화할 수 있으며, 언제든 나만의 취향에 맞게 글램 글라스, 코타메탈, 새틴 글라스 등 소재와 컬러를 선택하여 디자인을 구현할 수 있다. 즉 제약 없이 어떤 공간에도 자연스럽게 어울리는 디자인을 창조할 수 있을 뿐 아니라 세상에 단 하나뿐인 나만의 디자인을 연출할 수 있다. 또한 제품 구매 후에도 현재의 디자인에 싫증이 난 경우 새로운 제품을 구매할 필요 없이 언제든 편리하게 자신만의 새로운 디자인으로 공간을 연출할 수 있다. Bespoke는 밀레니엄 세대를 포함한 다양한 소비자의 라이프스타일과 취향을 반영한 맞춤형 가전을 제안한다. 구매가격이 조금 더 비싸고 제작 기간이 더 걸릴 수 있지만, 제작에 소비자가 직접 참여해 자신에게 가장 잘 맞는 상품을 디자인할 수 있다는 점에서 맞춤형 디자인을 찾는 소비자가 늘고 있다.

4 제조가 아닌 창조, 표준화가 아닌 개인화

디자인은 문화와 예술처럼 우리의 삶을 윤택하게 하는 데 기여했으며, 과학기술의 발달과 산업의 변화에 따라 디자인의 정의와 가치는 변화되어왔다. 산업혁명 이전에는 예술작품, 공예의 제작에서 콘셉트 도출 과정으로 인식되었고, 산업혁명 초기에는 제품의 형태와 기능을 고려한 심미성의 표현이 디자인의 역할이었다. 기술의 비약적인 발달로 첨단 기계의 도입은 표준화와 대량생산을 가능하게 했으며, 디자인의 진화에 중요한 역할을 했다. 기업은 타깃 고객의 라이프스타일과 고객만족을 위해 디자인의 필요성을 인식하고 제품 제작 과정에 전문적인 디자인 과정을 도입하기 시작했다. 전통적인 디자인 과정은 제품 출시에 필요한 주요 핵심 기술이 개발되고 출시 사양이 결정되면 제품의 형태와 그에 따른 디자인이 개발되는 프로세스였다.

그러나 최근 디자인의 개념이 확장되면서 변화하기 시작했다. 신제품을 개발할 때 디자인이 가장 먼저 고려되어야 하는 중요한 요소로 자리 잡았을 뿐만 아니라 다양한 제품라인을 개발하여 판매하는 공급자 위주의 디자인 개발 프로세스에서 소비자가 디자인 과정에 참여하는 소비자 중심의 가치 창출로 변화했다. 재질, 기능, 형태의 미에 대한 고려 등 제품의 외형을 고도화하는 단순 디자인에 국한되지 않으며, 고객의 욕구를 발견하고 제안하는 제품과 사람 간의 상호작용에 집중하며, 사용자의 경험 같은 감성적인 부분도 포함한다. 나아가 디자인 과정에 소비자의 니즈를 결합하고 소비자가 직접 참여해 주문제작을 할 수 있는 맞춤형 디자인 시스템이 도입되고 있다.

앞으로 AI 기술, 사물인터넷(IoT, Internet of Things), 정보통신기술(ICT, Information and Communication Technology),

빅데이터(big data) 등 4차 산업혁명으로 대표되는 과학기술은 사용자가 자신의 가치를 추구하는 데 기여하는 극도의 개인화(ultra-personal)에 집중할 것이다. 디자이너는 미학과 기능성의 관점을 넘어 시대의 변화에 따른 소비자의 욕구를 발견하고 이를 해결하며, 첨단기술 혁신에 기반을 두어 초연결과 융합의 특성을 바탕으로 새로운 가치를 창출해나가야 한다. 이처럼 시대적 환경변화의 요구에 따라 디자인의 역할은 변화하고 진화되어 왔다.

5 4차 산업혁명과 디자인 중심의 혁신

인공지능(AI, Artificial Intelligence), 빅데이터, 사물인터넷, 블록체인(Block Chain), 로봇기술 등이 4차 산업혁명의 핵심 키워드다. 치열해진 시장에서 정보통신기술을 바탕으로 하드웨어와 소프트웨어를 통합하는 디자인 컨버전스를 통한 가치 극대화는 매우 중요한 전략이다. 물리적인 영역과 디지털의 경계가 사라지고 다양하고도 새로운 아이디어가 탄생하면서 세상은 변화하고 있다.

컴퓨터가 인간의 지능 원리처럼 학습, 추론, 지각, 진화하는 '인공지능(AI)'은 자동차의 자율주행을 보편화하고, 천재 작가인 레오나르도 다빈치, 피카소의 작품부터 바우하우스의 디자인 결과물 등 수집 가능한 과거의 모든 미학적·디자인적 데이터를 수집하여 분석할 수 있다. 이러한 인공지능 분석 시스템은 디자인 프로세스에서 중요한 요소인 구조적인 부분, 타이포, 레이아웃, 컬러, 콘셉트 등 필요한 정보를 분석하여 제공할 수 있으며, 나아가 마케팅, 심리학, 사회학 등 시장에 필요한 전략을 제시할 수 있다. 디지털 환경에서 수집되고 생성되는 다양한 형태의 데이터(big data)는 소비자의 행동과 제품의 경쟁력, 시장 상황에 대한 분석 및 예측을 할 수 있다.

이러한 '빅데이터'를 바탕으로 기업은 소비자가 어떠한 사이트에 자주 방문하는지, 어떤 브랜드와 제품을 보는 데 사용한 시간 등 데이터를 바탕으로 고객이 원하는 정보와 서비스를 제공할 수 있다. 디자이너는 디자인 과정에서 빅데이터를 바탕으로 고객의 구매 패턴, 댓글이나 의견 같은 인터넷상의 데이터를 통한 새로운 가치를 창출할 수 있다.

사물마다 첨단통신 센서가 장착되어 실시간으로 데이터를 주고받을 수 있는 사물인터넷(IoT) 기술은 사물과 사물 간의 소통뿐만 아니라 사물과 인간의 새로운 소통을 시도하며 기존 시장에 존재하지 않는 새로운 전자제품과 웨어러블 디바이스 론칭을 선도할 것이다. 최근 우리 주변에서 흔히 볼 수 있는 인공지능 스피커를 포함하여 냉장고와 책상, 옷장까지 다양한 형태의 사물인터넷이 적용된 제품이 론칭되고 사물 간 연동 및 컨트롤 또한 자유로울 것이다. 4차 산업혁명의 대표적인 신기술은 디자인과의 융합을 통해 새로운 시장을 형성하고 선도할 것이다.

6 시사점

한때는 기술적으로 뛰어난 제품이 소비자에게 선택받았고, 기술력이 평준화되면서 디자인이 조금 더 우수한 제품이 사랑받았다. 단순한 스타일링이 아닌 기술과 예술, 디자인이 공존하는 하이브리드 시대가 도래했다. 하이브리드는 이성적인 기술과 감성적인 예술의 영역 같은 이질적인 요소의 뒤섞임을 통해 부가가치를 높여 새로운 무엇인가를 창조하는 통합 코드로 인식되고 있으며 경쟁력의 필수요소다. 이는 2000년대 초반부터 비약적으로 발전하고 공유되기 시작한 과학기술이 예술과 교류하고 미묘하게 조화를 이루는 과정에서 발생하기 시작했다. 이러한 하이브리드의 경향은 순수미술, 디자인, 사진, 공예, 직조, 설치미술, 퍼포먼스 등 다양한 장르의 기법과 콘셉트를 포용함으로써 복잡하게 변화되어가는 현실을 예술로 풀어나가는 시발점을 제공하고 있다. 이는 결과적으로 장르의 구분이 필요없었던 태초의 예술로 거슬러 올라가서 예술을 techne의 관점에서 이해할 수 있는 단초를 제공하는 것이기도 하다.

최근 제품의 기술력이 상향 평준화되면서 소비자는 훌륭한 기능, 감각적인 형태 이상의 새로운 무엇인가를 갖춘 제품을 원하고 있다. 기능적인 동시에 소비자에게 심미적인 경험을 제공하는 제품이 탄생하고 있다. 이러한 니즈에 대한 응답은 하이테크를 넘어 하이콘셉트의 관점에서 예술과 철학 간의 하이브리드를 통해 가능하다. 이러한 새로운 경향을 통해 기술에 대한 경외심은 물론 예술적 숭고함을 브랜드 이미지로 구축하는 것이 중요하다.

소비자는 아름다움을 뛰어넘어 자신만을 위한 차별화된 제품을 원한다. 밀레니엄 세대는 개인의 취향과 경험을 중요시하는 경향이 크다. 이로 인해 소비자는 기능성 중심의 표준화된 제품이 아니라 자신의 취향과 미적 감각에 걸맞은, 나아가 자신의 개성을 표현해주는 제품을 소유하고자 한다. 따라서 심미적 요인과 기능성의 차원을 넘어 소비자의 잠재적 니즈를 파악하고 제안할 수 있어야 한다. 사회적·기술적으로 급격한 변화가 진행되고 있으며, 사회적으로 1인 가구가 증가하면서 가족 구성

및 라이프스타일이 변화하고 있다. 더 이상 예술과 디자인이 산업적인 시스템에 귀속된 영역이 아니며, 새로운 경험을 창출할 수 있는 창조적인 시각과 본원적 가치를 실현하며 소비자가 직접 디자인 개발 프로세스에 참여할 수 있는 디자이너로서의 역할을 할 수 있어야 한다. 기업은 디자인에 대한 지속적이고 적극적인 관심과 투자를 함으로써 디자인 경영 시스템을 체계적으로 구축할 수 있으며, 혁신적으로 기업의 비전과 가치를 창출할 수 있다.

리미티드 에디션

(limited edition)

김종헌

1 문화소비의 시대

평소의 습관대로 인스타그램(Instagram)의 스토리를 보다가 친구가 앙리 마티스(Henri Matisse, 1869~1954)의 판화를 테이블 위에 올려놓은 것을 보고 바로 DM(Direct Message)을 보내서 "와우~ 완전 멋있다. 마티스를 구입한 거야?"라고 했더니 "마티스 포스터야, 네이버마켓에서 샀어"라고 대답한다. "어, 그래? 그래도 멋진데!!^^;" 물론 나는 마티스의 판화를 기대했지만 포스터도 멋있었다.

과거에는 무엇을 입고 무엇을 타고 무엇을 들거나 차고 다녔는지가 중요했다면 이제는 어디를 가고 무엇을 먹고 어떤 문화를 향유하는지가 중요한 세상이 되었다. SNS(Social Network Services)를 통해 인친(인스타친구), 페친(페이스북 친구) 등에게 자신의 생활, 일상을 공유할 수 있기 때문이다.

"전시회 다녀왔어?", "당연하지. 전시 너무 좋더라" 등의 대화를 많이 하는가? 친구를 만나서 혹은 직장 및 모임의 대화 주제로 대형 전시회가 심심치 않게 등장하고 있다. 이는 내 주변에서만 일어나고 있는 대화는 아닐 것이다. 다양한 미술 전시에 대한 관심도가 높아지면서 작품과 작가에 대한 관심도 같이 상승하고 있다.

다니엘 로진(Daniel Rozin) 작가의 작품 앞에서 [출처: 김종헌 촬영]

예쁜 것, 좋은 것을 소유하고 싶은 마음은 대부분의 사람들이 가지고 있을 것이다. 아트 작품도 오래전부터, 물론 실생활에 필요한 부분이 아니기에 '콜렉터'라 불리는 일부 사람들이었지만, 소장자 등이 작가 혹은 중간매매상으로부터 작품을 구입해 소장하고 감상해왔다. 그러다가 '갤러리', '화랑'이라 불리는 전문 유통 단계가 생기면서 작품을 사고파는 과정이 체계화되었고, 이에 따라 미술 산업은 더욱더 발전하게 되었다.

작가에게 작품을 위탁받아 작품을 전시하고 판매, 유통하는 1차 시장인 갤러리와 갤러리에서 판 작품을 소장하고 있던 소장자가 다른 소장자에게 팔기 위해 생긴 2차 시장인 '옥션'이라는 유통 과정으로 세분화되기도 했다. 또한 아트페어 등과 같이 일정 기간에 컨벤션센터 같은 큰 장소에서 몇십 개에서 몇백 개의 갤러리들이 모여 수천 점의 작품을 동시에 전시하고 소비자 및 콜렉터들이 보고 구매를 할 수 있는 행사도 생겨났다. 현재 아트페어는 미술시장에서 미술품을 유통하는 중요한 역할을 하고 있다. 이런 아트페어 중 아트 바젤(Art Basel), 프리즈

(Frieze) 그리고 피악(Fiac) 같이 전 세계적으로 유명한 아트페어도 생겨 그 페어에 갤러리가 참여하는 것만으로도 자랑거리인 시대가 되었다.

2 리미티드 에디션의 시대

전시, 아트페어, 갤러리 등 작가에 의해 생산된 문화를 유통하는 수많은 방식과 업체가 생겨났다. 이제는 음식점보다 많은 것이 아트 행사가 될지도 모를 만큼 많이 생겨나고 소비되고 있다. 문화소비가 증가하면서 과거에는 주로 갤러리에서 회화, 조각, 판화, 사진 등 다양한 분야의 작품들을 소비자에게 판매하고 유통시키는 역할을 했다. 아트페어 및 옥션에서도 다양한 작품들(원화, 조각, 판화, 사진 등)을 판매·유통시켜왔다.

Print Bakery, Open Edition, Artichoke, Lumars, Yellow Corner, ArtN Edition 등은 최근 몇 년 사이에 새롭게 오프라인과 온라인에 생긴 아트 전문숍이다. 혹시 들어보거나 가본 사람도 있을 것이다. 물론 전국적으로 엄청난 수의 프랜차이즈 숍이 생긴 것은 아니나지만, 서울과 대도시를 중심으로 여러 개가 생겨나고 있다. 서울 삼성동의 코엑스(Coex)와 한남동, 이태원, 삼청동, 부산의 마린시티 등 갤러리가 많이 있거나 컨벤션 행사와 유동인구가 많은 곳에 주로 위치하고 있다.

이러한 숍들은 어떠한 제품 혹은 작품을 파는 곳일까? 제목에서 유추할 수 있듯이 리미티드 에디션 작품을 파는 곳이다. 물론 각각의 숍마다 개성과 차이는 있지만 대부분 수량이 제한되어 나오는 판화나 포스터 등을 전문적으로 판매하는 곳이다. 집과 사무실에 인테리어용으로 혹은 다른 다양한 이유로 소장하는 리미티드 에디션 작품을 전문적으로 파는 숍이다.

리미티드 에디션 작품의 대표격인 판화는 초등학교 시절 조각칼로 나무를 파내어 그 위에 롤러로 잉크를 바르고 종이를 덮어서 문지르던 기억을 떠올리는 사람도 있을 것이다. 바로 그것이 목판화를 만드는 과정이다. 물론 모든 판화가 목판화인 것은 아니다.

대표적인 판화 기법인 실크스크린(Silkscreen: 판화 기법 중 하나로, 날염인쇄 기법으로 판 재료에 기본적으로 실크가 사용되며 빛에 감응하는 재료를 발라 잉크가 지나갈 수 있는 구멍을 만들어 사각의 틀에 잉크를 발라 스퀴지로 문지르면서 제작하는 판화), 에칭(Etching: 화학약품인 산의 부식작용을 이용하는 판화 방식으로, 주로 동판에 바늘 등으로 선을 그은 것을 부식시켜 잉크를 묻혀 찍어내는 판화) 등 다양한 방식으로 종이나 기타 재료 위에 작품의 이미지를 옮겨서 제작되고 있다. 판화는 기술적인 요소와 재료 및 방식도 중요하지만 크게 평판화, 오목판화, 볼록판화로 나뉘며 여러 장 찍어내는 방식이다.

그러면 "사진도 여러 장 찍어내는데 무엇이 다른가?"라는 의문이 들 수 있을 것이다. 아날로그 사진은 '필름'(물론 필름도 흑백, 컬러, 포지티브 등이 있다)이라는 매개를 활용하여 인화지(엄청 다양한 종류가 있어 다 설명할 수는 없지만) 위에 빛과 화학작용을 이용해서 이미지를 기록하는 방식이다.

사진은 '카메라'라는 기기를 사용한다는 것과 확대, 축소가 가능하다는 약간의 차이가 있다. 판화는 원판과 출력물의 사이즈가 동일한데, 사진은 더 크게 혹은 작게 변형이 가능하다. 즉, 카메라를 이용하여 필름에 대상 이미지를 촬영하여 크게 혹은 작게 인화지에 뽑아내는 방식의 아날로그 사진 과정은 현재 디지털 시대에 새로운 방식으로 발전했다. 사진도 필름이 아닌 디

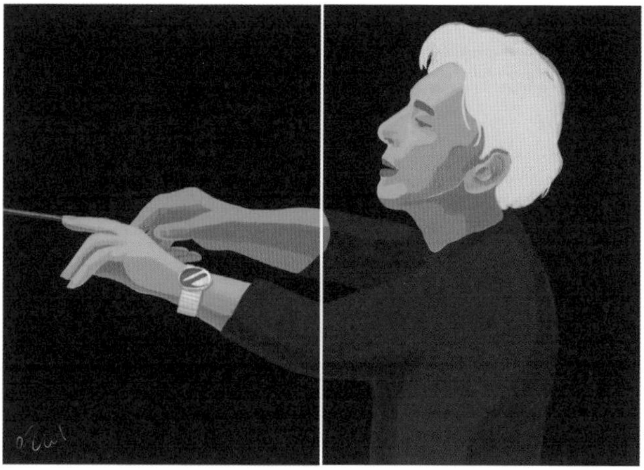

심포니즈 넘버 1&9(Symphonies Nos. 1&9), 2019, 디지털 페인팅, 841×1188mm, Ed 1/3+2AP [출처: @illustjee © momo kim]

지털카메라의 CCD 센서를 통해 메모리에 저장되며, 포토샵이나 다른 프로그램을 활용하여 보정하고 편집해서 디지털프린터로 출력한다. 판화도 과거 목판, 동판 등의 판에 수작업으로 깎고 그리던 일련의 과정들에서 원본을 촬영 및 스캐너(평판 스캐너, 드럼 스캐너)를 활용하여 디지털 파일로 만든 후 출력하는 등의 다양한 방식으로 변화하고 있다.

위의 모모킴(Momo Kim) 작가의 작품은 에디션(Edition) 3점, A.P.(Artist Proof) 2점의 총 5개의 에디션으로 한정 제작된 판화 작품이다. 아이패드의 애플리케이션에서 애플 펜슬을 이용하여 작품을 그린 뒤 작가가 사인까지 하고 디지털프린터로 출력한 리미티드 판화 작품이다. 즉, 과거와 다른 새로운 작업 방식이 생겨나고 있다.

젊은 신인작가라서 디지털 매체인 아이패드를 활용해서 새로운 작업을 한 것일까? 물론 모모킴 작가도 손으로 하는 드로잉과 페인팅 등 다양한 작업을 하고 있다. 작업을 하는 방식과 사용하는 '재료(Medium)'가 점점 다양해지고 있다는 것이다.

현존하는 (작품 가격이) 가장 비싼 작가 중의 한 명인 데이비드 호크니(David Hockney, 1937~)의 경우에도 70대의 나이인 2009년부터 아이패드에 드로잉을 그리기 시작했다. 새로운 미디엄(작업 재료)을 찾고 활용해보는 것에 나이가 중요하지 않다는 사실을 보여준 멋있는 작가임에 틀림없는 것 같다. 그래서 세계적인 작가가 되었는지도 모르겠다. 물론 그렇지 않고 고전적인 재료를 고수하는 작가도 많고 파격적인 재료를 사용하는 등 현대의 작업에서 재료 및 방식은 점점 자유로워지고 재료의 경계도 많이 허물어지고 있다.

판화 또한 과거 실크스크린 및 에칭 등과 같은 아날로그 방식과 다른 디지털 미디엄(재료)을 활용해서 뽑았다고 해서 달라지는 점은 없다고 생각한다. 디지털 기술을 활용하여 색상의 표현이 훨씬 다채로워지고 프린터가 발전하면서 판화시장이 더욱 더 커지고 있는 장점도 있다. 땀을 흘려가며 손으로 판 위에 잉크를 바르고 문지르면서 실크스크린을 뽑아낼 수도 있고, 색상을 맞추기 위해 수십 번 테스트 프린터를 하면서 디지털로 작업할 수도 있다. 이것은 온전히 작가의 선택이라고 생각한다. 본인의 작업에 좀 더 적합한 방식을 찾는 하나의 과정일 뿐이라고 생각한다. 그 대신에 디지털 작업은 수많은 테스트 후에 최종본이 결정되면 이후에는 대량으로 작업을 생산하기 쉽다. 아날로그에서 디지털 작업으로 과정이 발달되면서 작가가 다양하게 작업할 수 있는 선택의 폭이 넓어진 것이다.

판화의 가장 큰 특징은 여러 장 혹은 수백 장도 뽑아낼 수 있다는 점이다. 그래서 회화나 조각 등 한 점밖에 없는 작품들과 달리 판화는 여러 장 복제할 수 있다는 점 때문에 가치(즉, 가격)가 많이 떨어지는 것이 사실이다. 물론 어떤 작가의 판화는 다른 작가의 원화보다 비싼 경우도 있지만 말이다. 이처럼 가치가 떨

모던 파라다이스: 독일9(The Modern Paradise: German9), 2019, 아치발 피그먼트 프린트, 24×30inch Ed of 50 [출처: Minjin Kang © Minjin Kang]

어지는 점을 보완하기 위해 판화는 수량을 한정해서 제작한다. 수량 한정판이 '리미티드 에디션'이다.

최첨단 디지털 관련 광학, 카메라, 프린터, 3D 프린터 등 산업 및 일상생활에서 우리가 편리하게 사용하고 있는 기계들이 작가의 작업에서도 과거보다 훨씬 더 고해상도의 판화를 편리하게 대량 생산할 수 있게 되었다.

최근 이슈가 되고 있는 카우스(Kaws) 작가의 예를 들면, 카우스의 아트 토이 제품은 대량으로 생산된다. 여기서 대량 생산의 의미는 일반적으로 우리가 마트에 가서 장난감을 살 수 있는 것과는 다르다. '오픈 에디션(Open Edition)'이라는 이름으로 대량 생산되지만 계속 생산되지는 않는다. 아이러니한 말이지만, 대량 생산되었으나 계속 생산되지는 않는다. 에디션은 있으나 오픈되어 있다. 어떻게 보면 언어유희 같다. 그러나 처음 대량 생산될 때 수량을 정해서 제작하고 그 후에 추가 제작을 하지 않는다는 의미라고 판단한다. (물론 아닐 수도 있겠지만) 생산 수량에 대한 의사 결정은 작가 본인 또는 그 작품의 저작권을 가지고 있는 재단 또는 기관에서만 알고 있을 것이다.

일반적인 장난감과 카우스의 아트 토이의 차이는 같은 대량 생산이지만, 일반 장난감은 판매가 되고 수요가 있으면 정해진 가격으로 지속적으로 생산·판매한다. 그러나 수량을 제한한 듯한 '오픈 에디션'이라는 개념을 첨부하여 생산되는 아트 토이는 지속적으로 생산되지 않아 수요가 많아지면 구입하기가 어려워진다. 그렇게 되면 초기에 판매된 토이가 중고로 저렴하게 판매되는 것이 아니라 바로 재판매(resale)되면서 역으로 가격이 상승한다. 신기한 일이다.

물론 아트 토이는 가지고 놀기 위한 일반 장난감과는 다르다. 장난감 제품을 사용하다가 중고로 나오는 일반적인 경우와 달리 박스가 개봉되지 않은 새 제품 상태로 재판매되거나 제품이 오픈되었더라도 디스플레이용으로 사용되는 토이의 성격상 사용감이 있지 않게 잘 보관되어 있다. 특히 박스를 함께 보관하는 특징들이 있다. 그렇다 하더라도 불과 몇 달 전에 판매된 제품이 몇 배 가격으로 거래되는 것은 리미티드로 생산된 효과일 것이라고 생각된다. 즉, 지속적인 생산으로 수요를 따라가느냐 아니면 수량을 한정해서 더 이상 생산하지 않고 유통시장 내에서 소비자 및 구매자가 자연스럽게 가격을 결정하게 되느냐의 차이라고 생각하면 된다.

그러면 리미티드 에디션의 판화나 사진들이 최근에 나온 것도 아닌데 왜 전문 판매점들이 최근에 더 많이 생긴 것일까? Print Bakery는 작가의 작품 이미지 저작권을 구입하여 다양한 판화를 제작하고 기존 판화와 아트 상품들을 다양하게 판매하는 곳이다. 그리고 어떤 전문 판화숍은 디자인 포스터 등을 제한 생산해서 판매하는 곳도 있고, Lumars와 Yellow Corner는 사진을 위주로 판매하는 숍이다. 이렇듯 브랜드마다 개성이 있지만, 공통적으로 수량 한정판을 판매하는 곳이다. 기존 갤러리와 다른 점은 한 점만 있는 원화를 판매하지 않고 주로 리미티드 에디션 작품들만 전문적으로 취급한다는 점이다.

판화 전문숍은 수요와 공급의 법칙에 따라 판화의 공급이 많아져서 수요가 늘어난 것이 아니라 수요가 생성되어 공급이 늘어난 것이라 생각된다. 수많은 매체와 전문가들은 대림미술관, D Museum 그리고 예술의 전당, DDP 등에서 열리는 수많은 대형 전시에 관람객 수가 상상을 뛰어넘을 정도로 증가하고, 전시문화 수준과 인스타그램을 필두로 한 SNS에서 자신의 문화 수준 및 문화 향유 생활을 온라인으로 보여주면서 특정 혹은 불특정 다수와 소통하는 시대 트렌드에 따라 전시 관람에 대한 수요가 증가한 것이 주요한 요인이라고 말해왔다.

티켓 판매 전문 업체인 티몬에 따르면 2018년 7월 전시회 티켓 매출을 분석한 결과 2017년 7월 같은 기간 대비 이른바 '인생샷'을 찍을 수 있는 전시 회의 티켓 매출이 644% 증가한 것으로 발표했다. 그리고 전체 공연 티켓 매출에서 미술 전시 티켓 판매가 차지하던 비중도 5%에서 24%로 크게 상승한 것으로 나타났다. 이러한 전시를 보고 나오면 항상 기다리고 있는 곳이 아트 상품을 파는 뮤지엄 숍이나 아트 상품 숍이다. 전시를 보고 느낀 감동을 이어가고 싶은 마음에 전시 작품 포스터와 머그컵, 엽서 등의 아트 굿즈(Art Goods)를 구매한다.

이런 소비가 늘어나면서 유명한 전시와 아트 상품 시장이 커지고 있다. 물론 유명한 전시 후에는 원화 작품의 판매도 늘어나지만, 어떤 작가의 작품은 상상하기 어려울 정도의 천문학적인 가격이기 때문에 일반 소장자가 구입하기 어려운 면이 있다. 그래서 똑같은 이미지의 아트 상품 시장과 더불어 같이 커지고 있는 것이 판화시장이다.

아트 상품은 일반 생산품, 즉 수량의 한정 없이 대량 생산된 물품이다. 여기에 일반사람들과 다른 문화생활을 향유하며 남들과 다른 소유물을 가지고 싶어 하는 소비심리가 결합하면서 수량이 제한되어 있는 리미티드 에디션 작품들을 소유하고 싶어 하는 소비자가 늘어난 것이라 생각된다.

온라인, SNS가 보편화되면서 직접 소지할 수 있는 옷이나 가방 그리고 자동차 등 바로 보일 수 있는 것으로 자신을 표현하고자 했던 소비심리에서 이제는 무엇을 먹고, 어디에 가며, 어떠한 문화생활을 향유하고, 어떤 라이프스타일을 영유하고 있는지를 온라인상으로 보여줄 수 있는 시대가 되면서 문화에 대한 소비심리가 더 커지고 있다.

수량이 한정되고 작가의 친필 사인까지 들어가 있는 포스터가 일반 포스터보다 몇 배에서 몇십 배 더 비싼 가격에 소비되는 이유는 무엇일까? 서울시립미술관에서 전시된 데이비드 호크니의 원화 작품은 천문학적인 가격이어서 살 엄두도 낼 수 없었을 것이다. 천문학적인 금액의 원화라서 전시를 보고 감동을 받은 것은 아닐 것이다. 호크니의 작품을 소유하고 싶은 마음에 천문학적인 가격의 원화를 대신해 정해진 수량만큼 제작된 판화를 소장하고 싶어 하는 소비자도 많아지다 보니 판화의 가격도 계속 가파르게 오르고 있는 실정이다.

이렇듯 수요와 공급의 법칙이 적용된 예가 판화시장에서도 보이고 있다. 데이비드 호크니뿐만 아니라 땡땡이 호박 작가로 유명한 구사마 야요이(草間彌生)의 판화도 그의 인기에 힙 입어 수년 전 몇백만 원에 거래된 작품이 몇천만 원으로 10배 이상

상승한 예 등이 대표적이다.

물론 모든 판화가 유명 작가의 작품으로 이루어진 것은 아니다. 하나의 고유한 장르로 판화만 제작하는 작가들의 작품들이 미술의 대중화에 영향을 끼치고 있는 것은 사실이고, 앞으로 이러한 소비층은 더 넓어질 것으로 보인다. 리미티드 에디션, 즉 수량이 한정된 것은 판화만의 특징이 아니다. 단지 생산이 제한되어 있어서 판화가 인기 있는 것은 아닐 것이다. 작가의 유명세, 가격의 합리성, 판화 특유의 느낌 등 다양한 이유가 있을 것이다. 이러한 수량 제한의 마케팅은 판화뿐만 아니라 다른 산업에도 활용되고 있다.

3 패션과 아트 컬래버레이션

"명품 패션 브랜드를 좋아하십니까?"라고 물으면 대부분의 사람들은 각자 좋아하는 브랜드 한두 개씩은 대답할 수 있을 것이다. 수많은 패션 명품 브랜드가 있고, 그 브랜드마다 고유한 디자인과 마케팅으로 소비자를 유혹하고 있다.

그러면 "패션 분야에서 가장 비싼 브랜드는 무엇인가?", 좀 더 좁혀서 "가방 중에서 가장 비싼 브랜드는 무엇인가?"라고 질문하면 대부분의 사람들이 생각하는 브랜드가 있을 것이다. 필자도 H 브랜드의 가죽 색상과 디자인이 참 좋아 보인다. 문제는 가격이 참 많이 비싸다는 것이다. 쉽사리 구매할 수 없는 가격대라는 크나큰 장벽이 있다.

그런데 그 브랜드는 무엇이 좋아서 그렇게 비쌀까? 오랜 역사와 가죽의 품질, 디자인 등 다양한 대답이 나올 것이다. 그 명품 브랜드 라인 중에서도 리미티드 에디션으로 소량 생산되는 제품들을 사기 위해 매장 앞에서 몇 시간 동안 줄을 서거나 비행기를 타고 프랑스 본점으로 사러 간다는 기사를 본 적이 있을것이다.

리미티드 에디션 제품의 가격이 다른 일반 제품 라인들에 비해 상당히 비싸다는 것은 많이 알려져 있다. 그렇다면 '가장 비싼 브랜드가 아닌 다른 브랜드들은 자기 브랜드의 가치를 높이기 위해 어떠한 노력을 할까?'라는 의구심이 든다.

그 H 브랜드처럼 우리 브랜드도 비싸게 책정한다고 해서 "과연 그 제품들이 잘 팔릴까?"에 대답은 의문일 것이다. 비싸다고 무조건 좋은 제품이 아닐 것이고, 가격이 비싼 이유와 명분이 있어야 할 것이다. 브랜드의 가격 및 인지도를 높이는 방법 중에 아트 컬래버레이션과 리미티드 에디션 방법이 활용되고 있다.

예를 들어 D사의 가방이 있다. 물론 H사의 가방 가격과 차이가 많이 난다. D사는 2019년 Art #3을 통해 전 세계 11명의 여성 작가들과 협업 프로젝트를 진행했다. D사의 가방을 아티

명품 브랜드 D사의 가방 제작 모습

스트들이 자유롭게 작업할 수 있게 전권을 맡겨 제작을 위임했다. 물론 수량 한정판 가방으로 말이다. 그리고 그 리미티드 에디션 컬래버레이션 가방을 매장에서 전시 판매한 것이 아니라 일반 아트 전시 행사처럼 매장 안에 전시회를 열었다. 도슨트들을 배치하여 가방과 작가에 대한 스토리를 설명하고 오픈 파티도 열어 VIP 및 일반인들이 예약하고 관람하게 하는 등 일반 미술관 전시 행사와 같이 일정 기간 동안 전시를 진행했다. 당연히 아티스트 컬래버레이션 가방 전시회의 목적은 가방의 판매와 브랜드 가치 상승이었다. 그리고 리미티드 에디션 가방의 가격은 일반적인 D사 가방의 가격보다 몇 배 이상이 책정되어 있었다. D사의 Art #3 가방 중 대부분은 H사의 가방보다 비싼 가방이 많았다. 결과적으로 H사보다 브랜드 가치가 높지 않은 D사의 아트 컬래버레이션 작품 가방은 어떻게 되었을까? 지난 전시에 가서 도슨트에게 가격을 물어보고 한 번 놀라고, 가방이 완판되었다는 소식에 한 번 더 놀랐다.

D사뿐만 아니라 전 세계에서 가장 매출이 높은 L사도 2000년대 초반부터 무라카미 다카시(村上隆, 1962~), 구사마 야요이(1929~), 제프 쿤스(Jeff Koons, 1955~) 등 세계적인 작가와 컬래버레이션을 진행하고 있고, 최근에는 조나스 우드(Jonas Wood, 1977~) 등 좀 더 젊고 다양한 작가들과 협업한 가방을 제작하기도 했다. 이러한 패션과 아트의 컬래버레이션은 명품 브랜드와 유명 작가만으로 이루어지는 것은 아니다.

다음 사진은 미국 출신의 마이클 스코긴스(Michael Scoggins, 1973~) 작가와 한국의 가방 제작 브랜드인 BZB의 협업으로 두 가지 사이즈에 각각 100개 한정 생산된 가방이다. 노트를 찢어 어릴 적 아이의 그림일기 같은 작업을 하는 마이클 스코긴스 작가의 작품을 가방으로 표현한 제품이다. 신생 가방 브랜

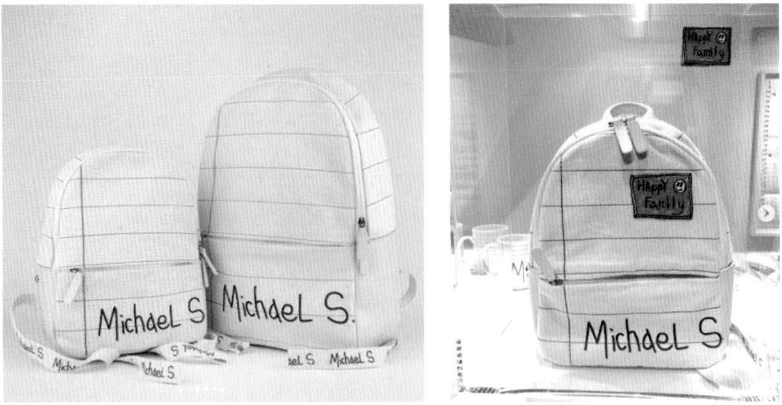

마이클 스코긴스(Michael Scoggins)와 가방 브랜드 BZB의 컬래버레이션
[출처: g.exhibition © g.exhibition]

드인 BZB는 어린아이들이 편하게 들고 다닐 수 있는 가방을 모티프로 생긴 브랜드다. 어릴 적 아이의 그림일기 작업을 하는 작가와 어린이 가방을 제작하는 회사의 컬래버레이션은 서로 시너지를 낸 좋은 사례라고 생각된다. 마이클 스코긴스의 국내 전시 갤러리인 G.exhibition 전시와 더불어 작가가 오프닝 날에 내한하여 가방을 구매한 고객에게 따로 가방에 원하는 그림을 그려주는 퍼포먼스를 하면서 좀 더 특별한 가방이 되었다.

인스타그램에서 많은 사람들이 첫날 가지 못한 것을 아쉬워하는 내용의 댓글을 보면서 남들과 다른 자신만의 제품(goods)을 소유하고 싶어 하는 사람들의 아쉬움을 느낄 수 있었다.

이러한 아트 상품은 자신이 좋아하고 소유하고 싶은 작가의 작품뿐만 아니라 작가가 개입하여 일반 대중과 소통하는 방식으로 제작하는 패션을 비롯한 다양한 분야와의 컬래버레이션이 좋은 시너지를 발생한다고 생각한다. 물론 일반 제품보다 가격이 비싼 것은 남들과 다르게 소비하고 소유하고 싶은 소비자의 몫일 수밖에 없지만 말이다.

4 리미티드 에디션 작품 감별법

그렇다면 소량 생산된 작품 혹은 제품인지 어떻게 알 수 있을까? 유통하는 숍 혹은 온라인 사이트를 믿고 구매하면 좋겠지만, 세상에는 많은 이미테이션과 가품이 있는 것이 현실이다. 물론 가품도 특A급, A급, B급 등 등급이 나누어져 있는 시대이니 조금 더 세심한 주의가 필요하다. 미술계뿐만 아니라 패션계 에서도 이미테이션에 대한 문제는 과거부터 꾸준히, 그리고 앞으로도 계속 거론될 문제다. 물론 극소수이겠지만 소비자가 작정하고 이미테이션을 산다면 모를까, 그렇지 않고 이미테이션을 진품으로 영원히 속일 수는 없을 것이다. 왜냐하면 이 세상에는 각종 브랜드의 전문가 탐정들이 존재하고 있기 때문이다.

소비자 및 전문가는 각각 브랜드의 특징을 너무 잘 알고 가품을 가려내는 특별한 능력을 스스로의 노력으로 터득해왔고, 그러한 능력을 바탕으로 매의 눈으로 그 브랜드 제품들을 검수하고 있다. 그 이유는 소비자가 직접 비싼 비용을 지급하고 소유한 제품이 가품인지 아닌지에 대한 관심과 애정이 있기 때문일 것이다.

패션 브랜드는 폭넓은 검수관들이 있지만, 아직 대중적이지 않은 판화시장에서는 어떻게 이미테이션을 검수할 수 있을까?

리미티드 에디션 판화에는 여러 가지 표시가 있다. 대표적으로 우리가 눈여겨보아야 할 것은 캡션(caption)이다. 작가 이름, 작품 제목, 제작 연도, 작품 크기, 작품 재료, 그리고 에디션 표시를 기입해놓은 것이 캡션이다. 하지만 캡션의 모든 정보를 판화 작품에 직접 적어놓지는 않는다. 작품을 판매하는 숍이나 갤러리에 가면 작품 옆에 작게 따로 표시되어 있을 것이다. 만약 없다면 반드시 물어보아야 한다.

모던 파라다이스: 독일9(The Modern Paradise: German9), 2019, 아치발 피그먼트 프린트, 24×30inch Ed of 50 [출처: Mijoo KIM © Mijoo Kim]

그리고 판화 작품에는 앞면 혹은 뒷면에 에디션 표시와 작가 사인이 들어 있다. 판화에 가장 중요하게 표시되어 있어야 할 두 가지다. 예를 들어 1/50같이 총 제작 개수와 몇 번째 작품인지를 나타내는 에디션 표시와 작가의 사인이 있을 것이다. 에디션 표시와 작가 사인이 없다면 문제가 있는 것이다. 물론 '사후 판화'라고 해서 작고한 작가의 저작권을 가지고 있는 재단 혹은 단체에서 제작한 판화도 있으므로 사인이 없다고 다 위작은 아니니 너무 놀라지 말고 다른 검증 방법을 거쳐야 한다.

작가의 도록이 하나의 검증 방법이 된다. 작가의 도록에 수록되어 있는 원화와 비교해보는 방법이 있다. 하지만 수많은 전시 도록을 꼼꼼히 다 찾아보기 어렵기 때문에 작가의 일대기와 작품 세계 전반을 꼼꼼하게 연대기 혹은 주제별로 정리해놓은 '카탈로그 레조네(Catalogue-Raisonne)'라는 기록물을 참조할 수 있다. 물론 유명 작가 위주로 제작되기 때문에 모든 작가가 카탈로그 레조네를 가지고 있는 것은 아니지만, 판화를 제작할 수 있는 작가의 경우엔 대부분 유명 작가일 확률이 높고 카탈로그 레조네가 없다고 해도 작가의 여러 권의 작품집을 발간했을 경우가 많기 때문에 작품도록과 비교해 보는 것도 검증 방법이 된다.

또한 구글 같은 검색엔진으로 작가의 이미지와 사인을 검색해서 비교해보는 것도 하나의 방법이 된다. 작가마다 시대별로 사인이 바뀌기도 하기 때문에 작품의 제작 연도를 확인하고 그에 맞추어서 이미지와 함께 사인을 비교해야 한다. 조금 귀찮은 일이기는 하지만 꼼꼼하게 확인해서 손해 볼 것은 없다.

위의 여러 가지 검증 방법은 구매자 스스로 찾아서 해야 하는 부분이다. 작품을 살 때는 구매하는 곳이나 판화숍, 갤러리 등에서 발행한 작품 보증서를 꼭 받아야 한다. 작품 보증서(Certificate of Authenticity)에는 작품 이미지와 함께 작품명, 작가 이름, 작품 제작 연도, 작품 크기, 재료, 에디션이 표기된 캡션이 있고, 진품이라는 내용의 글이 있으며, 갤러리 및 판매처의 보증하는 사람의 이름과 사인 그리고 날짜가 표시되어 있다.

그리고 작품을 구입할 때는 반드시 인보이스(invoice)를 먼저 받아야 한다. 일종의 영수증이라고 생각하면 된다. 인보이스에는 작품의 캡션과 가격이 표시되어 있다. 인보이스를 받은 후 작품에 대한 대금을 지급한 다음 작품과 함께 꼭 작품 보증서를 받아서 추후에 생길지 모를 사태에 대비해야 한다.

작품이 진품이 아닌 경우에는 보증서를 발행한 곳에서 작품에 대한 사후 책임을 지게 되어 있다. 보증서가 없거나 초기에 발행한 갤러리 등이 없어진 경우에는 한국감정사협회 등 외부 감정 기관에 작품의 진위 여부를 감정 받고 나서 작품을 구입하는 것이 좋다. 이렇듯 다양한 방법으로 작품의 진위 여부를 판단할

작품 보증서

Certificate of Authenticity

Title[작품명] :Los Angeles(1963-1966) Untitled

Artist[작가] : Ralph Gibson

Year [제작년도] : 1963

Size [사이즈] : 50.8x40.6cm[20.0x16.0in]

Medium[재료] : Gelatin Silver Print

Edition[에디션] : 18/25

작품 이미지

Image of Artwork

This Artwork is directly produced by Ralph Gibson and managed by *** gallery.

The above matters are certified as true to the fact.

위 작품은 Ralph Gibson 작가로 부터 제작되어 *** gallery 에서 관리한

작품임을 보증합니다.

Director of *** Gallery

JongHeon Martin Kim

2019.07.07

작품 보증서 샘플 [출처: 김종헌 제작]

수 있다. 작품을 구매하기 전에 꼼꼼히 여러 번 확인하기 바란다.

문화생활 수준을 보여줄 수 있는 인스타그램, 그리고 이제는 영상의 시대에 접어들어 유튜브(YouTube)의 플랫폼이 발전하고 사용자가 기하급수적으로 늘어나면서 남들과 다른 나만의 개성 그리고 라이프스타일, 문화 향유 수준을 보여주고 싶은 마음 때문에 전시와 미술시장이 발전하는 것만은 아닐 것이다. 시대가 발전하는 것과 맞물려서 인간의 행복에 대한 욕구, 그리고 삶의 질에 대한 고민과 행동이 문화생활, 특히 그중에서도 전시 관람과 아트 작품의 소유 그리고 기존의 다양한 산업과의 컬래버레이션 등이 발전한 것으로 보인다. 앞으로도 전시와 문화생활에 대한 수요는 더욱 커질 것으로 보인다. 하나의 산업이 커지

면 다양성을 동반 상승시킨다.

예를 들어, 대형 전시가 많아지면서 전시에서 작품을 설명해주는 전시 해설사라는 전문 직업이 생겨나고 해설을 듣고자 하는 수요가 증가한다. 전시를 위한 공간도 더욱더 다양해질 것이고 그에 따른 운송, 전시 보험, 홍보, 마케팅, 아트 상품 제작업체 및 저작권 관련 일들도 부수적으로 다양하게 생성될 것이다. 전시는 복합 예술이라고 한다. 즉, 단순한 전시가 아닌 이와 연관되어 있는 다양한 직종의 부수적인 일들을 만들어내 부가가치를 생성하는 것이다.

전시문화에 대한 수요로 인해 미술과 관련된 다양한 강의 및 아트 투어 등의 상품도 지금보다 많이 생겨날 것이다. 단순한 여행이 아닌 특정 나라의 미술관 및 국내외 다양한 아트페어나 미술관 전시 오프닝을 위한 상품도 생길 것으로 보인다. "아는 만큼 보인다"라는 말이 있듯이 관심이 많아진 곳에 시장이 형성될 것이다.

현재 국내 미술시장의 전망은 매우 밝은 것으로 보인다. 반드시 단계가 있는 것은 아니지만 전시를 보고 관심이 생겨 강연 및 투어에 시간과 정성을 들여 얻은 지식이 다음 작품을 볼 때 이해를 증진시킬 것이고, 그렇게 이해된 마음이 지갑을 열게 하여 리미티드 에디션이나 작은 아트 상품을 구입할 것이다. 다양한 작가의 작품을 다양하게 소장하여 신인 작가의 작품부터 중견 그리고 유명 작가의 작품까지 다양한 시장이 형성되기를 기대한다.

끝으로 작품의 생산 개수를 구별하는 몇 가지 방법을 알아보자. 유니크(unique)는 작가에 의해 제작된 하나의 작품을 말한다. 리미티드 에디션은 작가가 개입하여 오리지널 작품을 수량 한정으로 제작한 판화 등의 멀티플 작품을 말한다. 메이드투

오더(made-to-order)는 소장자 혹은 콜렉터의 주문에 의해 작가가 직접 제작한 작품을 말한다. 리프로덕션(reproduction)은 오리지널 작품의 저작권을 가지고 있는 작가의 스튜디오 및 재단에서 무한정 제작하는 제품으로, 보통 작가가 직접 제작에 개입하지 않는 경우가 많다. 에디셔널 멀티플(editional multiple)은 저작권을 소유하고 있는 작가의 스튜디오 및 재단에서 수백 혹은 그 이상 큰 개수의 리미티드 에디션으로 제작한 작품으로, 보통 작가가 직접 제작에 개입하지 않는 경우가 많다. 논에디션드 멀티플(non-editioned multiple)은 수량 한정이 없거나 몇 개의 에디션으로 제작되었는지 모르는 작품으로, 보통 작가가 직접 제작에 개입하지 않는 경우가 많다.

이처럼 다양한 리미티드 에디션에 대한 지식을 바탕으로 앞으로 미술관 및 전시장에서 작품을 관람할 때 한 단계 성숙된 관람자가 되어 있을 것이다. 앞으로 전시 관람 후에는 미술관 이름뿐만 아니라 리미티드 에디션, ED, AP, 작가 이름 등의 해시태그가 더 많이 올라올 것으로 기대된다.

셀슈머 창작자들
(sellsumers)

김우리

비교적 오래되지 않은 짧은 시간 동안 소셜 네트워크를 통한 전자상거래가 폭발적으로 증가하고 있다. 이 같은 현상은 '세포마켓'이라는 신조어를 낳았고, 이 세포마켓은 이른바 '셀슈머'를 낳았다.

그렇다면 셀슈머란 무엇인가? 판매자라는 뜻인 'seller'와 소비자라는 뜻을 나타내는 'consumer'가 합쳐진 신조어로, 좀 더 부연설명을 붙인다면 '1인 마켓을 운영하는 사람'이라고 이해하면 될 것이다.

1인 미디어가 발달하면서 생긴 수많은 파생물 중 가장 활발하면서도 자연스러운 현상으로, 소셜 네트워크를 통해 상품을 판매하거나 마켓을 운영하는 사람이 바로 셀슈머다. 셀슈머의 가벼운 일례를 든다면, 가죽공예 수업을 배우고 있는 한 30대 여성이 고급이 아닌 중급 과정을 배우고 있는 상황에서 "혼자서 디자인하고 만들 수 있는 수준까지 된다면 소셜 네트워크를 통해 내가 만든 작품을 직접 판매하고 싶다"고 말한다. 그는 "예전 같았으면 취직만 꿈꿨을 텐데, 요즘에는 다양한 플랫폼이 많아서 직접 판매도 할 수 있고 개인적으로 인스타그램에 올려서 사람들의 반응도 쉽게 볼 수 있어서 좋다"며 기대감을 비치기도 한다.

오프라인과는 비교도 할 수 없는 넓은 확장성을 지닌 온라인 마켓이 소셜 네트워크와 결합하면서 수많은 셀슈머들의 진입장벽을 낮추고 있다.

인스타그램을 통한 셀슈머

1 셀슈머의 의미

과거 산업사회에서는 판매자와 구매자의 역할이 뚜렷했다. 그러다가 1990년대 중반 이후 정보사회에 접어들면서 판매자와 구매자의 경계가 점차 허물어지기 시작했다. 특히, 오픈마켓의 발달과 함께 전자상거래가 활성화되면서 '셀슈머'가 등장했다. 인터넷의 발달은 소비와 판매 절차의 간편성을 촉진시켰고, 홍보활동이 용이해지면서 단순히 구매만 해온 소비자가 역으로 판매자가 될 수 있는 발판을 마련해준 것이다.

미래학자 앨빈 토플러는 일찌감치 프로듀서와 컨슈머를 결합한 신조어 '프로슈머'의 등장을 예견한 바 있다. 생산과 소비를 겸하는 프로슈머는 약 40년이 지나면서 실제로 '1인 마켓', '1인 크리에이터', '셀슈머'라는 이름으로 세상에 나타나기 시작했다.

하지만 프로슈머와 셀슈머에 구분을 두자면, 프로슈머는

소비만 하는 수동적인 소비자에서 벗어나 직접 제품의 생산 전반에 참여하는 '생산하는 소비자'를 뜻하지만, 셀슈머는 소셜 네트워크라는 '온라인 플랫폼'과 결합하면서 판매활동까지 관여할 수 있게 되었다. 이는 자본이나 설비 없이도 누구나 쉽게 진입이 가능하기 때문에 시장이 무한대로 증식할 수 있다는 막강한 특징을 가지고 있다.

셀슈머의 또 다른 특징은 이들의 주된 목적이 이른바 '창업'이 아닌, 부수입을 올리기 위해 경제활동에 참여하는 트렌드에서 나온 현상이라는 점이다. 그렇기 때문에 부담스러운 초기 비용을 투자해 수익을 얻기를 기대하는 것이 아니라, 자신이 이미 보유한 자산이나 재능을 활용한 상품이나 서비스를 제공함으로써 자본화한다는 것이다.

과거에는 단순히 소비자가 전문적인 기술을 이용한 상품이나 필요 없는 중고품을 올려서 판매했다면, 최근에는 전문성을 기본으로 하되 자기만족을 추구하면서 경제적 가치가 있는 생산 또는 유통을 개별적으로 한다. 즉, 셀슈머는 생산자 겸 소비자다. 이것이 셀슈머 비즈니스의 핵심이다.

2 나만의 것을 판매하는 셀슈머 창작자들

최근까지만 해도 우리나라에서 흔히 '창작자'로 활동하는 사람들은 갤러리나 에이전시 및 회사와 계약을 맺고 활동하는 사람들이 대부분이었다. 그렇기 때문에 창작자들은 관객과 만날 수 있는 공간과 기회가 제한적일 수밖에 없었다. 하지만 대형 포털사이트, 소셜 네트워크, 유튜브 등의 발달로 인해 일반인이라도 창의적인 콘텐츠를 보유했다면 그 어떤 유명 연예인보다 더 많은 팔로워나 구독자를 소유할 수 있게 되었다. 그들은 자신만의 플랫폼을 활용하여 광고, 판매 등 다양한 행위를 할 수 있게 되었고, 그에 따른 막대한 수익을 창출하게 되었다.

일반 창작자들은 이러한 흐름을 바탕으로 아이디어와 창작물만 있다면 기존 오프라인에서 이루어지던 프리마켓, 광고비가 필요했던 판매 플랫폼(오픈마켓 등)을 벗어나 다양한 판매활동을 시작할 수 있게 되었다.

현재 제공되는 온라인 플랫폼은 간단한 정보 입력 후 서비스를 이용할 수 있다는 간편한 접근성으로 인해 시간과 내용의 제약, 계약에 따른 부담감 없이 조금 더 자유로운 상품들을 만들기 시작했고 이를 소셜 네트워크, 블로그, 판매가 가능한 플랫폼에 업로드하여 일반 소비자에게 더욱 편하고 쉽게 다가갈 수 있게 되었다.

이러한 경향에 따른 대표적인 예를 꼽자면, 소셜 네트워크를 통한 일러스트 작가들의 증가세다. 일러스트 작가들은 온라인 환경이 발달하기 전에 비해 확연히 많은 수의 작가들이 노출되고 있고, 작품 또한 특정 분야가 아닌, 작가가 일상생활에서 느낀 생각과 경험을 쉽고 진솔하게 기록한 내용들이 자유롭게 대중에게 보여지고 있다. 또한 독자들의 니즈에 따른, 다양한 분야에서 전하는 작업 현장의 이야기들과 일상의 소소한 모습을 담은 일러스트들이 인기를 끌고 있다. 또한 작가와 컨슈머가 일대일로 작업을 의뢰받고 직접 판매까지 가능케 하고 있다. 빠른 피드백으로 사람들이 원하는 그림을 그려주고 팔로워를 늘리면서 홍보까지 할 수 있는 일석이조의 효과를 누리고 있다.

일러스트 전용 플랫폼으로는 '그라폴리오'가 대표적이라고 볼 수 있는데, 그라폴리오는 창작자들이 직접 공유하거나 사고팔 수 있는 크리에이티브 콘텐츠 커뮤니티다. 가능성 있는 창작자들이 더 많은 사람들에게 노출될 수 있도록 지원하고 있는데, 이를 통해 더 좋은 작품을 만들고, 많은 팬들을 만나며, 수익을 창출하여 창작활동을 지속할 수 있게 만들어준다.

이 외에도 핸드메이드 상품과 전문기술을 갖춘 다양한 분야의 창작자들이 자신의 재능 혹은 기술을 이용한 상품이나 서비스 등을 만들어 이익을 얻는 '셀슈머'로 진화하고 있다. 특히 대중적인 비즈니스 상품에 싫증을 느낀 소비자를 중심으로 남들과 다른 차별화된 상품이나 서비스에 대한 니즈가 증가하면서 셀슈머 비즈니스가 증가하고 있다.

기존에는 갤러리 혹은 에이전시를 통해야 가능했던 일들이 온라인 플랫폼을 통해 창작자들이 직접 판매에 뛰어들면서 본인을 알릴 수 있는 기회가 많아졌고, 셀슈머라는 새로운 비즈니스 개념을 탑재한 사이트들도 생겨나면서 에이전시의 역할을 재빠르게 대체하고 있다. 이는 젊은 창작자들로서는 더할 나위 없이 매력적인 매체가 되었고, 따라서 이러한 경향은 점점 확장되고 있는 추세다.

이러한 셀슈머 창작자들은 다음과 같이 크게 두 가지 흐름으로 살펴볼 수 있다.

소셜 네트워크를 통한 셀슈머 창작자들

소셜 네트워크를 통해 활동하는 셀슈머 창작자들이 점차 증가하고 있다는 것은 부연설명이 필요 없을 것이다. 창작자들은 인스타그램, 블로그, 페이스북 같은 소셜 네트워크를 통해 자신의 작품을 올리고 다양한 사람들에게 쉽게 접근할 수 있게 되었다. 실제로 많은 사람들의 공감을 얻은 회화, 웹툰, 일러스트, 창작물 등은 사람들의 수요에 따라 굿즈, 작품 의뢰, 책 등 다양한 형태로 판매되고 있다.

인스타그램 웹툰 '감자' [출처:https://www.instagram.com/g_zaing/?hl=ko]

웹툰 분야 역시 셀슈머가 생겨나기 시작했다. 기존의 웹툰은 네이버, 카카오, 레진코믹스 같은 전문 플랫폼에 연재함으로써 수익을 창출할 수 있으나 플랫폼회사의 검토, 계약, 마감 등 '업무'가 필요했고, 진입장벽 역시 존재했다. 하지만 소셜 네트워크에서는 비교적 자유롭게 자신의 창작품을 알리고, 2차 판매(캐릭터를 활용한 티셔츠, 컵 등)도 가능하게 되었다.

그 일례로 대표적인 인스타그램 웹툰으로 '감자'를 의인화하여 취업 및 일상 이야기를 그리는 감자 작가는 직장인 감자, 유부녀 감자, 퇴사준비생 감자, 백수 감자 등이 사람들에게 공감을 불러일으키며 인기를 얻게 되었고 책과 굿즈까지 만들어지며 1인 마켓이 형성되었다. 또, 소울파파(Soulpapa) 작가의 '딸바보가 그렸어'라는 블로그는 간단한 일러스트에서 시작했으나 엄청난 공감과 인기를 바탕으로 책으로 출판하기도 했다. 또한 이미 전문 웹툰 작가로 인지도를 쌓은 '귀귀'라는 작가는 개별적으로 자신의 개인 블로그를 통해 회화 작품, 굿즈 등을 직접 제작·판매까지 진행하고 있다.

최근에는 실물 상품을 판매하는 사람뿐만 아니라 무형의 상품을 제공하고 그것을 통해 광고 수익을 얻는 사람 또한 셀슈머의 일종으로 편입되고 있다. 이들은 이미 충분히 언론매체에서 떠들썩하게 기사화된 바 있는 인기 유튜버들이다.

몇 해 전 아프리카TV를 통해 데뷔한 '대도서관'이 유튜브에서 수십억 원의 수익을 올리고 있다는 것을 시작으로, 장난감 리뷰 유튜브 채널인 '보람튜브'의 여섯 살배기 유튜버가 몇 년 만에 청담동에 95억 원짜리 빌딩을 구매했다는 기사를 보았을 것이다.

이들은 인기 유튜브 콘텐츠로, 미디어 콘텐츠 창작자다. 개성 있는 영상 콘텐츠를 제작하여 유튜브에 올리고 있다. 구독자가 많아지고 시청시간이 늘어나면 광고 수익, 조회수 수익, 구독자 수익, 페이지뷰 수익 등 많은 이익을 창출하게 된다.

물론, '대도서관'은 DIA TV라는 곳에 소속되어 있고, 보람튜브 역시 '보람패밀리'라는 회사를 설립하게 되면서 '1인 판매자'라는 뜻을 지닌 셀슈머라고는 볼 수 없다. 그러나 아직 많은 유튜버는 개인으로 시작하고 있으며, '이승현 Minja TV' 등 개인으로 엄청난 구독수를 가지는 '셀슈머'라고 불릴 사람들 또한 증대하고 있다.

이렇듯 유튜버는 원래 철저하게 개인에서 시작되었으나, 시장이 확대되면서 DIA TV, 샌드박스 네트워크 등 전용 에이전시나 전문 유튜버가 생기면서 그에 따른 셀슈머의 영역도 확대되고 있다.

소셜 네트워크를 통해 활동하는 셀슈머 창작자들의 특징은 전용 플랫폼을 통해 판매하는 창작자들에 비해 구매자에게 해당 작품의 스토리텔링을 비교적 잘 전달하는 것이 특징이며, 해당 라이프스타일이나 취향을 가진 독자, 구매자의 팔로잉을 통해 확대 재생산, 홍보를 겸할 수 있는 특징이 있다.

전용 플랫폼을 이용한 셀슈머

전용 플랫폼을 통한 셀슈머의 특징은 소셜 네트워크에 비해 제작자의 스토리텔링이 비교적 덜 전달되는 단점이 있으나, 판매를 위한 지원(결제 수단, 방법, 세금 계산서 등) 및 제작자의 개인 신상이 덜 노출되고 플랫폼 자체가 홍보를 대행해줄 수 있다는 장점이 있다. 따라서 처음 시작하는 사람들은 전용 플랫폼을 이용하는 것이 좋다. 왜냐하면 처음 시작 단계에서는 소셜 네트워크 팔로워 수도 많지 않을뿐더러 창작물을 홍보하는 것이 어렵기 때문이다.

앞서 언급한 바 있는 그라폴리오는 창작자들이 모여 있는 대표적인 플랫폼이다. 그라폴리오는 전 세계 창작자들의 멋진 작품을 발견하고, 공유하고, 사고팔 수 있는 콘텐츠 커뮤니티로서 꾸준히 활동하는 가능성 있는 창작자들의 작품이 더 많은 사람들에게 노출될 수 있게 도와주고 있다. 이를 통해 창작자들이 더 좋은 작품을 만들고, 많은 팬들을 만나며, 수익을 창출할 수 있도록 창작활동을 지원하고 있다. 일러스트, 사진, 회화, 디자인, 캘리그라피, 사운드 등을 직접 판매할 수 있으며 신진 창작자 발굴을 위한 코너도 따로 제공되고 있다.

그라폴리오에서 인기를 얻은 '집시' 작가는 그라폴리오에 연재된 100여 점의 〈닿음〉 작품 중에서 가장 많은 사랑을 받은 54점을 선별해 컬러링북을 만들었으며, 그라폴리오의 스토리픽 작가 '퍼엉'은 코렐과 아트 컬래버레이션 에디션을 선보이는 등 많은 신진 창작자들이 그라폴리오를 통해 데뷔하거나 인기를 얻고 있다.

함성민 공연&그라폴리오 리더는 "후원 기능을 통해 자신의 이름을 걸고 활동하는 창작자들이 창작활동에 동기부여를 얻고, 다양한 방식으로 팬들과 소통해나가며 즐거운 창작 환경이 만들어지기를 기대한다"라며, "향후에도 기술 플랫폼을 기반으로 역량 있는 창작자들이 작품활동에만 전념할 수 있는 창작 생태계를 마련하기 위해 다양한 시도를 이어나갈 것"이라고 말했다.

이 외에도 작가 개인의 사생활이나 개인정보를 보호할 수 있는 '오투잡', '크몽' 등을 통해 활동하고 있는 셀슈머도 증가하고 있다. 개인정보 노출은 꺼리지만 작품활동에 대해 홍보하고 싶은 작가, 혹은 개인정보가 노출되면 곤란한(이른바 겸직이 불가능한 공무원, 기업의 임직원) 작가들의 투잡 플랫폼으로 그들의 2차 수입원으로서의 역할을 하고 있다.

외국의 경우에는 엣시닷컴, 스푼플라워 등 좀 더 다양한 플랫폼이 있다. 엣시 웹사이트(etsy.com)는 핸드메이드 및 관련 제품에 중점을 두고 있다. 이 품목들은 가방, 의류, 미술품, 공예용품 등 다양한 범주에 속한다. 또한 엣시 판매인은 일반인에서 전문 아티스트에 이르기까지 다양하다. 엣시는 공산품이 아닌

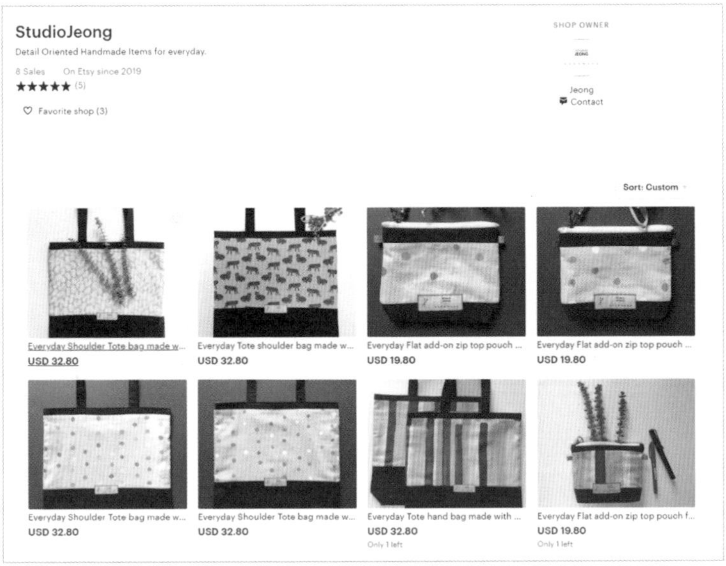

엣시에서 판매하는 작가 [출처: https://www.etsy.com/shop/studiojeong/]

수공예품이 주력 제품이며, 세계 각국의 셀러들이 활동하여 상품 수가 많고 가격대 폭이 넓다. 수공예로 만들어진 나만의 제품을 살 수 있기 때문에 엣시닷컴 상품은 전 세계에서 각광받고 있다.

스푼플라워는 한 달에 60만 명이 넘는 쇼핑객을 통해 자신의 디자인을 공유·판매할 수 있다. 디자이너의 디자인을 즉시 재단 및 봉제하며, 가정에서 사용하는 소품 등을 고객에게 제공한다. Spoonflower Marketplace는 소비자에게 전 세계에서 가장 많은 독립 패브릭 디자이너 컬렉션을 제공하고 있다.

3 셀슈머 창작자들의 미래

소셜 네트워크의 전용 플랫폼 도입

현재 인스타그램, 페이스북 같은 대형 소셜 네트워크들은 이미 직접 판매를 위한 기능(결제, 환불 등) 지원을 발표한 바 있으며, 인스타그램은 광고 등을 통해 이러한 기능을 제공하고 있다.

또한 유튜브, 트위치 등 BJ를 통한 홍보도 적극/직접 판매 기능이 도입되어 소셜 네트워크가 현재와 같은 일상의 공유를 넘어 판매 플랫폼이 될 가능성이 높다. 다른 플랫폼들보다 접근이 쉽고 누구나 편하게 올리고 바로 확인이 가능하며, 소비자가 빠르게 피드백을 해줄 수 있기 때문에 창작자 본인의 일상과 밀접한 창작물을 보여줄 수 있다.

그러나 이러한 경우 전문적인 판매 플랫폼이 아니기 때문에 판매자와의 분쟁이 발생했을 때 소비자의 피해가 우려되는 부분도 있다. 또한 노이즈 마케팅, 광고 유치를 위해 지나치게 자극적인 콘텐츠가 늘어나는 단점도 이미 발생하고 있다. 최근 수십

억 원의 고수익을 올렸으나, 미성년자인 간판 BJ에 대한 아동학대 혐의로 피소를 당한 바 있는 보람튜브의 사례를 들 수 있다.

이에 따른 대책 역시 강구되고 있다. 네이버의 경우 자사의 동영상 플랫폼 '네이버 TV 크리에이터 스튜디오' 강화에 주력하고 있다. 기존 창작자들이 별도 관리 시스템에 접속해야 하는 불편함을 개선하고 수익성 산출, 광고 설정, 저작권 관리까지 할 수 있도록 보완하고 있다. 카카오 역시 수익 관리 플랫폼 '지브스테이션'을 통해 창작자가 직접 자신의 동영상에 광고 적용, 후원 받기 설정을 할 수 있게 했고, 수입 및 정산 내역도 한눈에 살펴볼 수 있도록 설계해 창작자의 편리성을 증대했다. 이 경우 지나치게 자극적이거나 문제 요소가 될 만한 콘텐츠는 일부 걸러질 수 있기 때문에 안전한 것을 선호하는 소비자에게는 장점이 될 수 있다.

상품에 대한 검증 문제

서울시 전자상거래센터에 따르면 2018년 상반기 중 소셜네트워크 쇼핑과 관련해 접수된 소비자 상담은 총 498건으로, 상반기 대비 18%p 증가한 수치다. 피해 사례로는 교환 및 환불, 폐쇄, 연락 두절, 제품 불량, 하자, 배송 지연 등의 문제가 있었다. 최근에는 이러한 1인 마켓의 문제점과 관련해 국회에서 전자상거래법 개정안이 발의된 바 있다.

국내 실정법상 양초, 식기 등 반드시 평가 인증을 통해야 판매가 가능한 품목들도 1인 판매자는 쉽게 판매할 수 있기 때문에 유해물질 첨가, 검증되지 않은 소재의 소비재 제품도 팔릴 수 있어 이러한 부분은 소비자가 직접 검증해야 하는 불편함이 있다. 또한 최근 인스타그램, 페이스북 광고를 통해 판매되는 상품들을 중심으로 허위, 과대광고 사례도 점차 많아지는 추세다.

1인 마켓 전자상거래법에 대해 고민해 봐야 할 시기

셀슈머는 태생부터 오래되지 않았기 때문에 그 주체나 한계, 영역 등이 가진 모호성으로 인해 이에 따른 복잡한 이해관계를 풀기가 쉽지 않은 상황이다. 따라서 전문기관과 정부, 입법부 등은 소비자를 위한 보호장치로서 셀슈머에 대한 폭넓은 이해를 바탕으로 법과 제도를 시급히 마련해야 할 것이다.

문화예술 패키지화

(arts packages)

박주연

연애 2년 차인 20대 커플은 항상 데이트 코스가 고민이다. 오랜만에 공연을 볼까 싶어 검색하는데 생각보다 가격이 부담된다. 늘 그랬듯 영화나 볼까 하던 찰나 약 3만 원에 공연과 식사, 디저트가 하나로 묶여 있는 패키지 티켓을 발견했다. 가격도 저렴하지만 무엇보다 맛집을 검색하는 수고로움도 덜 수 있어 20대 커플에게 안성맞춤이라고 생각했다.

다섯 살 아이가 있는 30대 부부 역시 예외가 아니다. 주말마다 아이와 어디서 시간을 보내야 할지 늘 고민스럽다. 기억에 남을 만한 경험이 뭐가 있을까 검색하다가 뮤지컬 티켓과 식사권이 함께 묶여 있는 3인 가족 패키지 티켓을 보고 고민 없이 구매했다. 아이와 문화생활도 하고 분위기 좋은 식당에서 식사도 할 수 있어 일석이조라고 생각했다.

여행업계에서 숙박, 여행지 등 모든 일정과 장소를 관리하는 이른바 패키지 투어가 최근 문화예술계에도 등장하기 시작했다. '싼 게 비지떡'이라는 이미지 때문에 젊은 층이 외면했던 여행 패키지 상품이 문화 패키지에는 예외적인 반응을 불러일으키고 있다. 가성비와 만족감을 중시하는 이들이 문화 패키지에 주목하는 이유는 무엇일까?

1 문화도 패키지로 즐긴다!

사회 트렌드의 반영: 이종 패키지

문화 작품과 식사권, 호텔 숙박권 등을 결합한 이종 패키지의 등장은 사회 트렌드의 변화와 밀접한 관련이 있다. 최근 개인의 휴식과 재충전에 집중하는 시간을 중요시하고 일과 삶의 균형을 중시하는 이른바 워라밸(Work and Life Balance) 트렌드가 확산되면서 바쁜 일상으로 미뤄왔던 여가를 문화를 통해 해소하려는 경향이 두드러지고 있다. 여행업계에서도 가족과의 여가와 오로지 자신에게 집중할 수 있는 재충전 트렌드 확산에 따라 엄청난 인파로 정신 사나운 유명 여행지보다 근교 휴양지들이 주목받고 있다. 가족과 특별한 시간을 보내고 휴식과 재충전에 집중하는 것이 중요해진 것이다. 이처럼 경제적 풍요로움보다 삶의 질과 행복을 중시하면서 문화계에서도 이러한 트렌드에 맞춘 상품을 출시하고 있다.

대표적으로 국립중앙박물관은 휴가철 가족단위를 겨냥하여 2019년 1월 오페레타 뮤지컬과 경천사탑 식당을 결합한 패키지 상품을 선보였다. 방학을 맞이하여 휴가시즌에 맞춰 출시한 상품으로서 3인 가족의 경우 VIP 티켓 3매와 3인 식사권을 정가 28만 5천 원에서 약 50% 할인된 13만 8천 원에 선보였고, 4인 가족의 경우 VIP 티켓 4매와 4인 식사권을 정가 36만 5천 원에서 18만 원이라는 파격적인 가격에 선보였다. 5월에는 어린이날 이벤트로 뮤지컬 〈반 고흐와 해바라기 소년〉과 경천사탑 식당을 결합한 식사 패키지를 선보이기도 하는 등 가족과의 오붓한 시간을 위한 패키지 상품을 지속적으로 판매하고 있다.

정동극장에서도 식사권과 관람권을 결합한 식도락 패키지를 선보였는데, 공연 〈련, 다시 피는 꽃〉과 인근 식당인 '유림면',

그리고 '림벅'의 와플 식사권을 묶어 3만 3천 원에 판매했다. S석이 4만 원인 것을 고려하면 정가의 44%가 할인된 금액으로 상당히 합리적인 가격에 판매한 것이다. 이는 공연을 관람한 이후 어디서 식사하면 좋을지에 대한 고민을 해결해주는 상품으로, 시간이 부족한 직장인의 시간을 절약해주는 상품이자 좋은 공연을 합리적인 가격으로 즐기면서 식사와 디저트까지 한 번에 해결할 수 있는, 가성비를 중요시하는 20대를 위한 상품이라고 할 수 있다.

문화상품과 호텔 숙박권을 결합한 패키지 상품은 최근 도심 속에서도 힐링을 즐길 수 있다는 의미의 '호캉스'와 연관된다. 호캉스는 호텔(hotel)과 바캉스(vacance)의 합성어로, 호텔에서 휴가를 즐기는 것을 의미한다. 호텔에서는 호캉스 마케팅의 일환으로 문화상품과 결합한 패키지 상품을 선보이고 있는데, 쉐라톤 서울 디큐브시티 호텔은 2017년 7월 객실 숙박권과 뮤지컬 〈브로드웨이 42번가〉 티켓 2매를 결합한 패키지 상품을 선보였다. 뮤지컬이 공연되는 디큐브 아트센터와 호텔이 연결되어 있어 공연 관람 이후 엘리베이터를 탑승하면 바로 호텔로 갈 수 있어 편의성을 높였다. 호텔에서 숙박하고 덤으로 공연까지 관람할 수 있는 좋은 기회로, 문화와 휴식이 공존하는 힐링 패키지로 기획되었다.

세종문화회관은 2018년 여름시즌 프로그램으로 뮤지컬, 콘서트, 전시 등 다양한 문화생활을 즐길 수 있는 '한여름 밤의 광화문(이하 한야광)' 패키지를 선보였다. 이 역시 휴가시즌에 맞춘 호캉스 마케팅의 일환이었으며, 에이퍼스트 호텔과 제휴를 맺고 뮤지컬 〈번지점프를 하다〉 R석 2매를 정가 약 30만 원에서 할인가 21만 원에 판매했고, 서울시합창단의 〈신나는 콘서트〉 R석 2매와 에이퍼스트 호텔 숙박권을 정가 약 22만 원에서 할인가 15만 원으로 판매했다. 연인이나 친구와 함께하는 패키지 상품 외에도 3인 이상 가족단위를 겨냥한 패밀리룸 패키지도 선보이며 휴가시즌 소비 트렌드를 반영하고 있다.

신규 관객 개발: 동종 패키지

공연과 공연을 결합한 동종 패키지는 이종 패키지와는 다른 목적성을 갖고 있다. 주로 경제력이 갖춰진 30대 미혼 여성에 집중해 있던 문화소비층에서 지갑 사정이 넉넉지 않은 10대와 20대로 관객층을 확대하기 위해 가격 혜택 전략을 쓰고 있다. 그런데 문득 동종끼리 묶어서 판매하는 패키지가 왜 매력적이며 이것으로 과연 구매욕구가 생기는지에 대해 의문을 가질 수 있다. 그렇다면 동종 패키지에 대한 쉬운 예를 한번 들어보자. 무심코 보게 된 홈쇼핑에서 비누 3종 세트, 클렌저 일곱 가지 향, 휴가철 휴대용 세안 세트 2종을 묶어서 절반 가격에 판매하고 있다면 어느 순간 전화기를 들어 주문하고 있는 자신을 발견할 것이다. 굳이 필요없는 물건이지만 왠지 모르게 패키지로 싸게 파는 물건을 보면 사고 싶어진다. 이것이 동종 패키지가 갖고 있는 치명적인 매력이다. 그러면 문화예술계의 동종 패키지 상품을 한번 살펴보자.

대표적으로 가장 활발하게 패키지 상품을 선보이고 있는 세종문화회관에서는 2016년부터 '대극장 올패스' 티켓을 판매하고 있다. 〈투란도트〉, 〈카르멘〉, 〈그랜드 오페라 갈라〉, 〈세종음악기행〉, 〈신나는 콘서트〉, 〈파이프 오르간 시리즈〉 6개 작품을 가장 낮은 등급의 좌석에서 단돈 2만 4천 원에 모두 관람할 수 있는 파격적인 가격으로 판매하고 있다. 6개 공연을 각각 개별로 구매할 경우 약 12만 원인 데 비해 패키지로 구매할 경우 작품 1개를 관람하는 비용밖에 되지 않는다.

그러면 비용에 상관없이 연간 5편 이상 관람하는 기존 관객층이 '대극장 올패스'로 관람하게 되면 오히려 공연장 입장에서는 손해가 아닌가? 다행히도(?) '대극장 올패스'는 25세 이하의 학생들만 구매할 수 있게 되어 있다. 즉, 공연을 관람하는 기존의 탄탄한 30~40대 공연 관객층을 위한 혜택이 아니라 가격 문제로 멀어져 있던 비관객층을 관객층으로 끌어들이기 위한 전략이다. 이러한 전략이 통했는지 세종문화회관은 2016년 '대극장 올패스'를 처음 도입한 이후 3년 연속 매진을 기록하고 있다.

이 외에도 세종문화회관은 기존 관객층을 위한 패키지 상품도 마련하여 공연 관람객의 호응을 불러일으키고 있다. 공연의 경우 반복해서 관람하는 N차 관람객이 많다는 특징이 있는데, 이들을 위해 2017년 동안 선보인 57개 공연과 전시 중 원하는 작품을 마음대로 선택해 구매하는 '내 맘대로 패키지'를 선보였다. 10개 작품 구매 시 50%, 4개 작품 구매 시 40% 할인 받는 등 많은 작품을 선택할수록 할인 폭이 커지고 특정 장르를 좋

대극장 올패스 [출처: 세종문화회관]

모아보기 패키지 [출처: 세종문화회관]

아하는 관객, N차 관람을 희망하는 관객을 겨냥하고 있다. 또한 서울시예술단의 시즌 전 작품을 5만 원에 구매할 수 있는 '서울시예술단 모아보기 패키지'도 선보였는데, 시즌 전 상품을 정가로 구매할 경우 23만 원인 데 비해 패키지 티켓은 단돈 5만 원에 구매할 수 있는 파격적인 가격 혜택을 제공하고 있다.

2 디너쇼의 변신? 젊은 층을 위한 패키지 상품으로

최근 등장한 문화 패키지의 전신을 한번 살펴보자. 호텔과 공연, 식사와 공연을 결합한 상품이 신선하기는 하지만 그리 낯설지 않다. 뭔가 익숙하고 어디서 본 것만 같다. 그렇다. 부모님 그리고 어르신들이 좋아하는 디너쇼다. 디너쇼의 사전적 정의에 의하면 "호텔의 레스토랑 따위에서 만찬을 들며 볼 수 있도록 여는 쇼"를 의미한다. 주로 크리스마스, 어버이날 혹은 연말에 개최되는 이벤트다. 일단 디너쇼는 검증받은 셰프의 특별한 디너를 즐기고 분위기가 보장된 호텔에서 유명 가수의 공연을 편하게 관람할 수 있다는 점에서 가격이 꽤 비싼 편이다. 보통 좌석별로 20만 원에서 25만 원 선으로 책정된다.

가격이 고가인 데다가 주로 트로트 가수의 공연이기 때문에 젊은 층보다는 어르신들이 선호한다. 그래서인지 마케팅도 독특하다. '주현미 어버이날 디너쇼', '심수봉 효 디너쇼' 같은 식이다. 부모님이 좋아하는 가수의 디너쇼 티켓은 기념일이나 연말에 드릴 효도선물로 제격이다. 공연도 공연이지만 식사 퀄리티도 상당히 높다. 코스로 메뉴가 구성되어 있고 추가로 위스키, 와인, 맥주 등을 주문해서 마실 수도 있다. 먼저 식사를 1시간 정도 한 뒤 이어서 2시간 정도 공연이 이어진다. 반대로 공연을 먼저 관람한 뒤 식사로 이어지는 구성도 있다. 순서가 어떻든 맛있는 음식과 함께하는 공연은 일석이조의 최고 선물이 아닐까?

디너쇼가 어르신들에게 사랑받는 이유는 무엇보다 편의성이다. 식사는 식사대로, 공연은 공연대로 따로 예약할 필요가 없고 번거롭게 이동할 필요도 없다. 젊은 층보다 체력이 약한 어르신들에게는 식사와 공연이 함께 결합된 상품이 훨씬 더 매력적이다. 덤으로 고급스러운 음식으로 대접받는 느낌까지 받을 수 있으니 이보다 더 좋은 상품이 없을 것이다.

1980년대 말과 1990년대 초, 특급호텔에서 열린 디너쇼 티켓은 15만 원 안팎으로 물가상승률을 생각하면 상당히 고가의 상품이었다. 지금도 20만 원대인 것을 생각하면 그 당시에는 서민은 물론 중산층도 꿈꾸기 어려운 기회이자 상위 10%를 노린 VIP 마케팅이었다고 할 수 있다. 디너쇼의 역사가 약 30년 정도 되었지만, 이에 대한 체계적인 기록이나 관련 연구는 남아 있지 않다. 이는 디너쇼가 연예활동으로 기획되기보다 호텔의 연말행사로 이루어졌기 때문이다.

트로트 가수가 대부분이던 디너쇼는 점차 가요, 재즈, 발라드, 개그 등으로 영역을 확산하며 젊은 층으로 관객을 확대하고 있다. 그러나 과거에 시도된 재즈 디너쇼가 실패하면서 디너쇼는 트로트 가수만 성공한다는 통설이 형성되었다. 그래서 아직까지 디너쇼는 트로트 가수의 전유물이라는 이미지가 굳어져 있다. 한번 생각해보라. 지금 이 글을 읽고 있는 20~30대 독자는 장르가 무엇이든 디너쇼에 가본 경험이 있는가?

그런 점에서 문화 패키지는 디너쇼의 변신이라고 감히 이야기해본다. 우리나라 잔치와는 또 다른 서양적 분위기인 디너쇼를 젊은 층에 맞게 패키지화한 것이다. 트로트 장르에서 뮤지

디너쇼 이미지

컬로 바꾸고, 고급스러운 호텔에서 유명 맛집으로 바꾸는 식이다. 변화된 점은 또 있다. 디너쇼는 고가의 상품으로 어르신들을 겨냥한 어버이날, 크리스마스와 같이 특별한 날에만 진행되는 이벤트이지만, 문화 패키지는 저가 혜택을 내세우면서 10~20대를 겨냥한 방학시즌에 한정적으로 진행된다. 타깃층이 다르기 때문에 티켓 판매 시기, 가격도 상이하다. 그러니 문화 패키지를 디너쇼의 변형된 형태라고 말할 수 있지 않을까?

3 문화예술 번들링: 다중 카테고리(multiple-category)에 대한 선호

번들(bundle)이란 하드웨어 또는 소프트웨어를 구입할 때 무료로 제공하는 소프트웨어로서 '묶음'이라는 뜻이다. 즉, 별도로 판매하는 제품을 한데 묶어서 패키지로 판매하는 형태를 말한다. 기업 입장에서는 다양한 상품을 하나의 패키지로 묶어 판매함으로써 매출을 증가시킬 수 있고, 고객 충성도도 제고할 수 있다는 장점이 있다. 쉽게 말하면 번들링은 2개 이상의 제품을 묶어 패키지로 판매함으로써 다른 제품과 차별화를 두고 전체 매출을 높일 수 있는 전략이다.

번들이라는 단어가 아직도 생소한가? 그렇다면 역사적으로 번들링으로 시장을 장악한 사례를 한번 살펴보자. 현재까지도 우리에게 매우 친숙한 마이크로소프트사의 오피스 스위트(office suite)가 그 예다. 1990년대 초 서로 연관성이 낮은 세 가지 응용 프로그램인 워드프로세서, 엑셀, 파워포인트를 하나로 묶은 패키지를 판매함으로써 시장을 장악했고 현재까지도 우리는 개별 프로그램이 아닌 오피스를 구입하고 있다.

번들링 전략은 구분 기준에 따라 여러 방식으로 나눌 수 있으며, 사용하는 용어도 상이하다. 우선 일상생활에서 가장 쉽게 접할 수 있는 번들링을 살펴보자. 먼저 상품보다는 가격적 혜택을 우선시하는 가격 번들링(price bundling)이 있다. 이는 일종의 동종 패키지 형태를 띠고 있으며, 단일 제품보다 2개 이상의 제품을 묶어 할인된 가격으로 판매한다. 즉, 1+1, 2+1 등의 묶음 판매를 통해 가격을 낮춰 소비자의 시선을 사로잡고 상품을 구매하도록 유도하는 것이다. 편의점에서 수입맥주 4캔을 1만 원에 구매해본 경험이 있지 않은가? 한 캔에 2,500원꼴로 국산맥주 가격과 유사하고 맥주 맛도 크게 차이 나는 것 같지 않지만, 왠지 모르게 엄청난 혜택으로 느껴진다.

이처럼 가격 번들링이 동종 패키지의 한 형태라면, 상품 번들링(product bundling)은 이종 패키지 전략이다. 항공권과 숙박권을 묶어 에어텔 패키지로 판매하는 사례가 대표적이다. 특히 이종 패키지는 최근 다양한 상품군에서 등장하고 있는데, 진주햄 '천하장사'와 패션브랜드 'TBJ'가 결합한 패키지 상품이 판매 1시간 만에 완판되었고, '말랑카우'와 '샤워메이트'를 결합한 '말랑이 버블 핸드워시'도 빠르게 완판되었다. 이처럼 전혀 다른 두 카테고리 간의 조합에 소비자가 빠르게 반응하고 있다.

가격 번들링 사례 [출처: GS 25]

상품 번들링 사례 [출처: 제주항공]

이는 젊은 소비층이 단순히 가격할인이 아닌 독특한 상품에 호응하고 있음을 시사한다.

가격 번들링과 상품 번들링으로 구분하는 방식 외에도 ① 사전조사를 통해 대중의 취향에 맞춘 상품을 구성하거나 ② 신제품 홍보, 매출 향상 등 마케팅 목표에 부합하는 상품을 패키지화하거나 ③ 주어진 제품 중 지정된 구매수량 내에서 소비자가 원하는 제품을 골라 담는 셀프 번들링으로 구분할 수도 있다.

그렇다면 번들링을 통해 고객이 누리는 혜택은 무엇일까? 고객은 흔히 세 가지 방식의 혜택을 누리게 된다. 우선 직접적인 비용절감이다. 한 업체를 통해 구매할 경우 흔히 할인 혜택을 받게 된다. 즉, 개별상품을 각각 다른 업체를 통해 구매하는 것보다 한 업체에서 묶음 패키지를 구매할 경우 훨씬 값싼 가격으로 구매가 가능하여 경제적인 혜택을 누리게 된다. 또한 패키지에 포함된 상품을 개별적으로 사용할 때보다 함께 사용할 때 효율적이고 편리하게 이용될 수 있게 된다. 예를 들어, 홈쇼핑에서 아이크림과 앰플, 그리고 마스크가 하나로 묶인 패키지를 구매할 경우 소비자는 번거롭게 각각 개별로 구매할 필요가 없으며 함께 사용했을 때 그 효과와 효능이 배가될 수 있다.

마지막으로 번들링은 고객의 구매 결정 과정을 단축시킬

수 있다. 독자적으로 각각 구매할 경우 시간과 노력이 필요하지만, 패키지 상품을 구매하는 고객은 하나의 업체와 거래하면 되기 때문에 시간이 절약된다. 공연을 관람하고 난 뒤 어디에서 밥을 먹을지 고민한 경험은 누구나 있을 것이다. 그런데 식당과 공연이 묶여 있는 패키지를 구매할 경우 어느 식당에 갈지 고민할 필요가 없다. 맛집을 검색할 노력과 시간을 들일 필요가 없게 되는 것이다. 다른 예를 한번 들어보자. 편의점에서 맥주를 사려고 보고 있는데 종류가 너무 많고 딱히 선호하는 브랜드도 없다. 그런데 특정 수입맥주를 4캔에 1만 원에 판매하고 있는 것을 발견한 순간 다른 고민은 필요없다. 실제로 편의점에서 판매하는 수입맥주의 경우 묶음판매 이후 판매량이 급격하게 증가한 것으로 나타났다.

이처럼 시장에서 패키지 상품의 성공 잠재력이 높아짐에 따라 문화계에서도 최근 번들 전략을 활용하는 사례가 증가하고 있다. 구글(Google)은 유튜브 유료 구독 서비스와 음악 스트리밍 서비스가 결합된 '콘텐츠 번들링' 서비스를 제공하고 있으며, 음악 스트리밍 업체 스포티파이(Spotify)는 유료 영상 스트리밍 서비스 훌루(Hulu), 케이블 네트워크 쇼타임(SHOWTIME) 등 OTT 서비스*와 결합된 요금제를 선보이며 서비스 범위를 넓혔다. 이와 같은 서비스를 각각 지급할 시에는 요금이 약 29달러이지만, 단 5달러로 모든 것을 누릴 수 있어 소비자의 긍정적인 평가를 받고 있다.

이처럼 연관성이 높은 콘텐츠, 시너지가 발생할 분야끼리 연계하여 다양한 번들이 파생되고 있다. 특히 콘텐츠 번들링은 음악과 영상 중심으로 전개되고 있으며, 점차 번들링 트렌드가

* 오버더톱(Over-The-Top) 서비스: 개방된 인터넷을 통해 방송 프로그램, 영화 등 미디어 콘텐츠를 제공하는 서비스를 말한다.

스포티파이 번들링 서비스

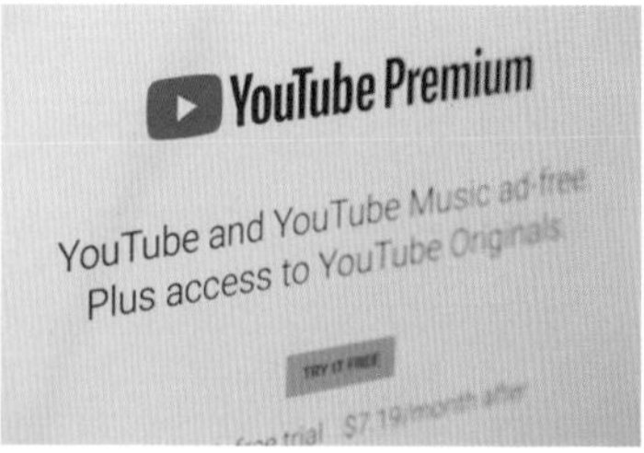

유튜브 프리미엄

활성화되고 있음을 확인할 수 있다. 순수 문화예술계에서도 이러한 트렌드에 따라 번들링 전략을 활용한 상품을 선보이고 있다. 비교적 고가에 속하는 장르인 공연을 결합한 패키지 상품, 공연과 숙박을 결합한 상품 등 문화예술 번들링을 통해 공연 마니아의 부담을 줄여주고 문화예술에 대한 대중의 접근성을 높이고 있다.

다중 카테고리에 대한 선호는 현대사회의 중요한 메커니즘이라고 할 수 있다. '문화생활'을 키워드로 반영하여 연관어 분석을 실시한 결과 뮤지컬, 연극, 음악, 미술관, 여행, 책 등이 중요한 표현으로 등장해 사실상 공연예술, 시각예술, 책, 여행상품 등을 '문화생활'의 패키지화된 상품으로 구성할 수 있음을 암시하고 있다. 다양성 추구 성향은 특히 소비자가 제품에 대한 지식수준이 낮을수록 더욱 높게 나타나는데, 제품에 대한 지식수준이 낮은 경우 본인의 선호도를 정확하게 정의할 수 없게 되며 예측하기 어려운 변동성을 지니게 된다. 결과적으로 제품에 대한 이해도가 낮은 소비자는 다양한 대안을 선택함으로써 선호도 불확실성으로 인해 파생되는 비용을 최소화하고자 한다. 따라서 문화예술 번들링은 기존 문화소비층을 대상으로 하는 전략이라기보다는 비소비층을 소비층으로 끌어들이는 새로운 전략이라고 할 수 있다.

4 마케팅 전략 혹은 문화소비층의 확대

패키지 상품으로 인지도와 매출을 높이자

공연과 식당, 공연과 호텔과 같이 서로 다른 카테고리를 묶어서 판매하는 이종 패키지는 그 목적성이 다양하지만, 주로 마케팅 측면이 강하다. 예를 들어, 공연과 호텔 숙박권이 묶여 있는 패키지 상품의 경우 공연 관람이 목적인 관객에게는 호텔을 홍보할 기회가 될 수도 있고, 호텔 숙박이 목적인 소비자에게는 공연 홍보의 기회가 될 수도 있다. 인기가 많은 유명 공연과 묶은 이종 패키지의 경우 주로 호텔 측에서 이러한 인지도를 이용해 패키지 티켓을 판매하는 경우가 많다. 이는 방학이나 휴가시즌에 호캉스를 희망하는 소비자에게 상당히 매력적인 상품일 수 있다. 해외로 떠나기에는 시간과 비용이 마땅치 않고 가까운 호텔에서 호캉스나 즐길까 하는데 마침 공연 관람도 할 수 있는 저렴한 숙박권이 있다면 혹하지 않겠는가?

물론 반대의 경우도 있다. 인지도가 낮은 공연을 유명 식당과 묶음판매를 함으로써 오히려 공연의 인지도를 높이고자 하는 경우도 있다. 예를 들어보자. 동종 패키지 사례에서 다루었던 정동극장의 식도락 패키지가 대표적이다. 정동극장은 외국인 관광객의 관광코스로, 외국인 관객 비중이 높고 오히려 국내 관객 인지도는 낮은 편이다. 그리고 왠지 정동극장이라고 하면 〈춘향전〉, 〈장녹수전〉과 같이 어르신들이 좋아하는 공연만 하는 곳, 어르신들만 가는 곳 같은 느낌도 든다. 그런데 시청역 일대의 가장 유명한 맛집과 패키지화했다면? 사실 장소와 공연은 생소하지만, 워낙 유명한 식당이어서 구매하지 않을 이유가 없다. 어차피 그 근처에서 공연이든 전시든 관람하고 식사하면 3만 원은 훌쩍 넘으니 말이다. 단 1장의 패키지 티켓이 평소 관심 없던 정동극장으로 방문을 유도할 수 있다는 것이다.

문화를 식사권과 결합하든, 숙박권과 결합하든 공통점은 있다. 1인 관객을 위한 것이 아니라 커플이나 가족을 위한 상품이라는 것이다. 사실 공연계에는 1인 관객을 뜻하는 '혼공족'이 전체 관객의 약 50%에 달한다. 2005년에는 11%에 불과했으나 2010년대부터 빠르게 증가해 2015년부터는 2인 관객을 추월했고, 2018년에는 2명 중 1명꼴로 홀로 공연을 관람한다. 나를 위한 소비, 온디맨드, 홈코노미 라이프 확산에 따른 결과로 보인다. 이러한 상황에서 타깃층이 분명한 이종 패키지는 매우 독특하다. 갈수록 감소하는 2인 이상 관객을 위한 상품이기 때문이다. 눈치가 빠르다면 이쯤에서 이종 패키지의 목적성을 쉽게 이해할 수 있을 것이다. 공연장은 기본적으로 관객 개발이 마케팅의 목적이지만, 이종 패키지는 관객 개발보다는 공연기관의 홍보, 식당 및 호텔의 인지도를 높이고자 하는 목적이 우선이라는 것이다.

물론 갈수록 2인 이상의 관객은 줄어드는 추세이지만, 근로시간 단축, 주 5일제, 워라밸 트렌드와 맞물려 가족과의 시간을 중요시하는 가치관이 확산되었다. 나를 위한 소비와는 또 다른 측면이지만, 휴식과 재충전을 중요시한다는 점에서 동일하다. 이처럼 휴식과 행복, 취미활동을 중요시하는 소비 트렌드가 사회 전반에 걸쳐 지속된다면 앞으로도 이종 패키지는 다양한 영역으로 확대될 것으로 예상된다.

비소비층을 소비층으로

공연은 비교적 고가의 고급문화에 속한다. 2018년 공연예술실태조사에 의하면 뮤지컬 평균 티켓 가격은 18,595원, 오페라 22,337원, 연극 12,900원 등 8개 공연 장르 모두 1만 원을 상회했다. 한국사회에서 가장 대중적 장르인 영화의 평균 관람료인 1만 원을 기준으로 본다면 비교적 고가에 속하는 장르다. 다른 장르와 비교해보면 어떨까? 미술관의 평균 전시 관람료가 3,600원인 것과 비교하면 상당히 고가에 속한다고 볼 수 있다. 이러한 이유로 공연관람의 주소비층은 경제력이 뒷받침되어 있고, 문화를 이해할 수 있는 지식이 충분하며, 문화를 즐길 만한 시간적 여유가 있는 20대 후반에서 30대의 미혼인 고학력 여성이다. 이들은 문화를 소비함에 있어 가격은 크게 중요하게 생각하지 않는다. 따라서 이들을 위해 가격을 낮춰 티켓을 판매할 이유가 전혀 없다.

그렇다면 왜 공연장에서는 굳이 패키지 상품으로 구성하여 저렴한 가격으로 판매하는 것일까? 이들이 겨냥하는 타깃층은 30대 미혼 여성이 아니다. 값비싼 티켓 가격이 부담스러워 공연장이 멀게만 느껴졌던 10대 학생들, 그리고 대학생들을 위한 상품이다. 세종문화회관에서 3년 연속 매진을 기록한 '대극장 올패스'가 25세 미만만 티켓을 예매할 수 있다는 것만 봐도 알 수 있다.

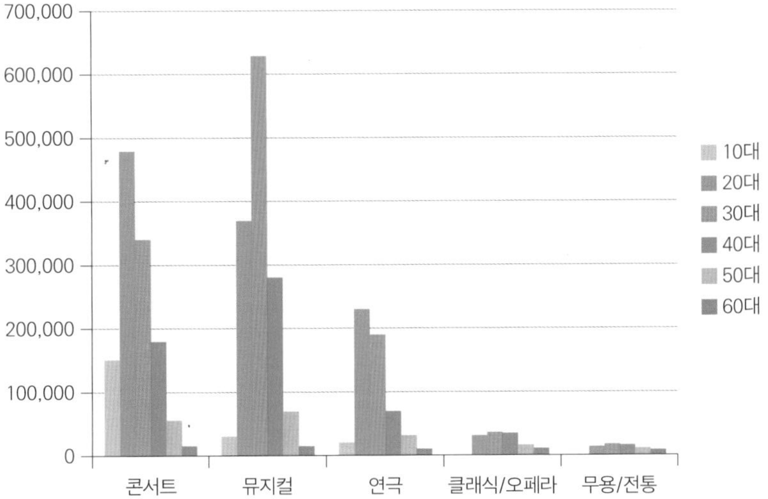

2017년 인터파크 공연 예매자의 장르별 연령 분포 [출처: 2017년 인터파크 공연 결산]

그래프에서는 20대와 30대 관객 비중이 매우 높은데, 콘서트와 연극의 경우 20대 관객의 비율이 가장 높고 뮤지컬은 30대 관객 비율이 압도적이다. 전체 공연관람 비율은 비슷하나 주된 관람 장르가 다르다. 특히나 20대의 경우 25세 미만의 대학생과 25세 이상의 직장인은 확연한 차이가 나타나기도 한다. 공연장에서 판매하는 패키지 티켓 장르는 뮤지컬, 클래식, 오페라와 같이 주로 고가에 속한다. 비교적 고가의 공연을 패키지로 묶어 매우 합리적인 가격으로 판매함으로써 가격 접근성을 낮추려는 전략이다. 동종 패키지 티켓을 통해 가격이 부담되었던 비소비층을 소비층으로 유입하고자 하는 관객 개발 측면의 목적성이 강하다. 동종 패키지 티켓이 등장한 지 채 5년이 되지 않은 현시점에서 이러한 전략이 어느 정도의 성과를 나타낼지는 향후 지켜봐야 할 것이다.

5 트렌드 예측 및 시사점

홈쇼핑과 여행업계에서 흔히 볼 수 있었던 패키지 상품을 이제는 문화예술계에서도 볼 수 있게 되었다. 패키지라고 하면 으레 떠올리는 이미지는 '값싸다', '대용량', '편하다' 등일 것이다. 고급스러움보다는 싼 가격에 이것저것 때려 넣은 상품이라는 이미지가 강해 트렌드에 민감한 젊은 층으로부터 외면받아 온 것도 사실이다. 그런데 최근에는 지급한 가격에 비해 제품이나 서비스로 큰 효용을 얻고자 하는 욕구를 뜻하는 '가성비'가 소비 트렌드로 부상하면서 패키지 상품의 재평가가 시급해졌다. 저렴한 가격에 큰 만족감을 얻고자 하는 가성비 외에도 단일 브랜드에 대한 충성도보다는 이것저것 다양한 것을 즐기고자 하고, 평범한 것보다는 재미있고 개성 있는 상품을 구매하려는 욕구도 두드러진다. 개성과 재미를 중시하는 밀레니엄 세대(1980~2000년대 출생)를 겨냥해 다양한 제품들을 묶어 판매하는 경향이 두드러진 것이다. 이를 두고 버라이어티 팩(variety-pack), 이종 협업, 이종 컬래버레이션 등의 용어가 사용되고 있다. 어울리지 않을 것 같은 조합으로 새로운 상품을 만들어내는 일이 잦아진 것이다.

문화와 호텔, 문화와 식당도 어울리지 않을 것 같은 조합이지만 대중은 이에 반응하고 있다. 고전적으로 문화소비는 실질적인 취향을 반영하기보다 과시하고자 하는 목적이 크다. 특히나 한국사회에서는 과시적으로 문화를 소비하는 경향이 두드러진다. 이러한 점에서 문화소비를 유도할 수 있는 패키지 상품은 상당히 매력적일 것이다. 애초에 공연관람을 할 계획이 없었음에도 합리적인 가격으로 하루의 여가를 보낼 수 있고, 더불어 인스타그램에 '있어 보이는' 사진도 올릴 수 있는 상품이 있다면 구매하지 않을 이유가 없지 않을까. 문화소비의 과시성향, 그리고 나를 드러내는 SNS의 발달이 문화 패키지 상품을 더욱 확산시킬 것이다.

문화소비 욕구는 갈수록 증대되고 있다. 일보다는 여가가 중요해지고, 경제적 풍요로움보다는 삶의 질이 중요해졌기 때문이다. 문화예술 패키지는 고소득·고학력만 즐기는 특수한 여가생활을 누구나 부담 없이 즐길 수 있는 여가생활로 변화시킴으로써 문화에 대한 장벽을 낮춰주고 있다. 영화를 제외한 장르들의 문화 관람률 평균이 지난해 11%에 불과한 시점에서 문화 패키지 상품이 문화 관람의 확대에 어느 정도 기여할 수 있을지 기대해볼 만하다. 휴식이 중요한 가치로 인식되는 현시점에서 문화에 대한 접근성을 낮춰주는 문화예술 패키지화는 당분간 지속적으로 확대될 것으로 예측된다. 따라서 문화예술기관에서는 고객이 선호할 만한 독특하고도 차별화된 상품을 구성할 필요성이 있다. 향후에는 남자친구와 데이트를 준비하는 여성을 위해 공연과 의류상품, 공연과 미용실 패키지 상품이 나올지도 모를 일이다.

시리즈와 리메이크 전성시대

(series and remakes)

박지현

- 2018년: 〈신과 함께: 인과 연〉, 〈어벤져스: 인피니티 워〉, 〈미션 임파서블: 폴아웃〉, 〈쥬라기 월드: 폴른 킹덤〉, 〈앤트맨과 와스프〉, 〈블랙 팬서〉, 〈완벽한 타인〉, 〈독전〉
- 2019년(2019년 12월 기준): 〈어벤져스: 엔드게임〉, 〈알라딘〉, 〈겨울왕국 2〉, 〈스파이더맨: 파 프롬 홈〉, 〈캡틴 마블〉, 〈조커〉

위 영화들이 어떤 영화인지 짐작이 가는가? 흥행에 성공한 영화들이라고 답했다면 80% 정답이다. 위에 나열된 영화들은 2018년과 2019년 한국 박스오피스 상위 10위 영화 중 시리즈물이거나 리메이크작인 영화들이다. 2018년에는 10편 중 8편, 2019년에는 10편 중 6편이 시리즈물이거나 리메이크작이었다.

과거에는 '본편만 한 속편 없다'는 것이 일종의 정설처럼 여겨졌는데, 최근에는 시리즈와 리메이크 영화들의 위세가 대단하다. 원작 이후 제작되는 시리즈와 리메이크 작품들이 관객의 시선을 사로잡는 이유는 무엇일까? 그리고 최근 들어 관객이 이러한 작품들에 열광하는 이유는 무엇일까?

1 시리즈, 상상력의 끝은 어디인가

시리즈(series)란 오리지널 편의 등장인물, 배경과 줄거리를 바탕으로 만들어내는 후속편을 뜻하며, 그 종류에는 프리퀄(prequel), 시퀄(sequel), 스핀오프(spin-off) 등이 있다. 프리퀄은 책이나 영화 등 오리지널 시리즈의 이전 이야기를 다룬 속편을 칭하며, 시퀄은 전편에 이어지는 이후 이야기를 다룬 것이다. 그리고 스핀오프는 오리지널 이야기에서 등장인물이나 설정을 가져와 새롭게 이야기를 창조해낸 것을 뜻한다.

영화 시리즈물의 대표로 손꼽히는 〈스타워즈(Star Wars)〉 시리즈를 통해 간단히 살펴보자. 1977년에 개봉한 조지 루카스 감독의 〈스타워즈〉 시리즈의 첫 번째 작품은 〈스타워즈: 새로운 희망(Star Wars: A New Hope)〉이다. 당시에는 별로 주목받지 못했던 SF라는 장르적 한계에도 불구하고 북미 박스오피스 3억 달러의 흥행을 거두었고, 아카데미 시상식에서 7개 부문을 수상하는 성과를 얻었다. 이후 뛰어난 속편의 모범 사례로 꼽히는 〈제국의 역습(The Empire Strike Back)〉(1980)과 〈제다이의 귀환(Return Of The Jedi)〉(1983)이 차례로 개봉하며 스타워즈의 명성을 이어갔다.

1999년부터는 1977년에 개봉했던 오리지널 편 이전 이야기를 다룬 프리퀄 시리즈가 개봉되는데, 스타워즈의 주인공 아나킨 스카이워커의 어린 시절을 배경으로 한 〈보이지 않는 위험(The Phantom Menace)〉(1999)을 시작으로 〈클론의 습격(Attack Of The Clones)〉(2002), 아나킨 스카이워커가 다스 베이더가 되어가는 과정을 그린 〈시스의 복수(Revenge Of The Sith)〉(2005)까지 연작되어 스타워즈 오리지널 시리즈 이전의 이야기를 보여준다.

영화 〈스타워즈〉 시리즈 홍보물

그 이후에는 오리지널 시리즈의 주인공들이 지긋하게 나이 든 모습을 만날 수 있는 시퀄 시리즈인 〈깨어난 포스(The Force Awakens)〉(2015)와 〈라스트 제다이(Star Wars: The Last Jedi)〉(2017)가 제작되었으며, 스타워즈라는 세계관을 배경으로 각각의 이야기를 다루는 스핀오프 시리즈인 〈로그 원: 스타워즈 스토리(Rogue One: Star Wars Story)〉(2016)와 〈한 솔로: 스타워즈 스토리(Solo: Star Wars Story)〉(2018)가 개봉하면서 스타워즈 시리즈는 더욱 확장되어가고 있다.

이처럼 성공한 영화의 기존 이야기에 상상력이 더해지면서 다양한 이야기가 창작되고, 이는 마니아층을 양산하여 또 다른 이야기를 만들어낼 수 있는 힘이 된다.

두터운 마니아층을 확보하고 있는 또 다른 영화인 마블 어벤져스 시리즈는 시간의 흐름에 따라 이야기를 전개하는 스타워즈 시리즈와는 조금 다른 형태를 보인다. '마블 시네마틱 유니버스(Marvel Cinematic Universe, MCU)'라고 불리는 마블의 가상 세계관 안에서 히어로 각각의 솔로 영화와 이들이 한 자리에

영화 〈어벤져스: 엔드게임〉 홍보물

모여 벌어지는 사건을 다룬 어벤져스 시리즈가 흩어지고 모이기를 반복하며 연결고리를 만들어낸다. 포털 사이트에서 '어벤져스'를 검색하면 '마블 시리즈 총정리', '어벤져스 보기 전에 꼭 봐야 할 영화들', 그리고 '어벤져스 5분 요약' 같은 글들이 연속해서 뜨는 것을 보면 이 시리즈가 얼마나 다양한 이야기를 담고 있는지 알 수 있다. 각자의 사연을 가지고 있는 수많은 히어로들이 존재하는 한 2019년 개봉한 〈어벤져스: 엔드게임(Avengers: Endgame)〉은 이 시리즈의 엔드(end)가 아니라 무한한 스토리텔링의 가능성을 열어주는 또 다른 편 중 하나가 될 것이다.

그렇다면 영화 역사상 가장 오래된 시리즈는 어떤 영화일까? 메인 테마 음악이 흐르는 가운데 원 안에 서 있던 남자가 돌아서며 총을 쏘는 오프닝 장면을 설명하면 이미 많은 독자들은 눈치를 챘을 것이다. 역사상 최장·최다인 007 시리즈는 1962년 〈007 살인번호(Dr. No)〉를 시작으로 2020년 개봉될 〈007 노 타임 투 다이(No time to die)〉까지 무려 25편이 제작되었다. 냉전시대를 배경으로 한 초기의 작품들과 반세기가 지난 지금의 시리즈 사이에는 많은 변화가 생겼지만, 스파이 제임스 본드를 주인공으로 한 이 첩보 시리즈는 아직도 개봉할 때마다 전 세계 관객의 주목을 받는다. 2012년 런던올림픽 개막식에서 제임스 본드(다니엘 크레이그 분)가 영국 엘리자베스 여왕과 함께 헬기에서 스타디움으로 뛰어내리던 장면은 오랜 기간 지속된 영화 시리즈 하나가 한 나라를 대표하는 문화가 될 수 있다는 것을 보여주는 인상 깊은 장면이었다.

2 〈애마부인〉이 한국의 최다 · 최장 시리즈 영화라고?

한국 최초의 영화 상영은 1919년 10월 김도산 감독의 〈의리적구투(義理的仇鬪)〉라고 전해진다. 안타깝게도 필름은 남아 있지 않고 개봉 기록만 남아 있는데, 이로써 2019년 한국 영화는 100주년을 맞이했다. 한국 영화계는 일제강점기, 한국전쟁을 거치면서 오랜 기간 침체기를 겪은 후 1960년대에 들어서며 〈로맨스 빠빠〉(1960), 〈사랑방 손님과 어머니〉(1961), 〈빨간마후라〉(1964) 등 다양한 장르의 영화와 우수한 감독, 스타급 배우들이 탄생하며 중흥기를 맞이했다.

1970년대 한국 영화계는 TV의 등장, 정치적 검열, 외국영화 수입쿼터제 등 난제가 겹치며 불황에 직면하게 된다. 그러던 와중 1982년 정인엽 감독의 〈애마부인〉이 폭발적인 인기를 끌면서 적은 예산으로도 많은 관객을 모을 수 있는 애로영화 붐이 일기 시작했다. 당시 개봉 극장에는 유리창이 깨질 정도로 인파가 몰려들었다는 일화가 있을 정도이니 이 영화가 당시 사회에 미친 영향을 쉽게 가늠하기 어렵다. 이후 〈애마부인〉 시리즈는 원작의 흥행에 힘입어 2016년까지 무려 13편이 제작되어 한국 영화의 최다·최장 시리즈 영화를 기록했다.

한국 영화계를 오랜 암흑기에서 벗어나게 한 작품은 1990년 개봉한 임권택 감독의 〈장군의 아들〉이었다. 일제강점기를 배경으로 한 액션영화라는 측면에서 기존 영화들과 차별화되면서 당시 서울 관객 67만 명을 넘기며 한국 영화 흥행 기록을 새로 썼다. 이어 1991년 〈장군의 아들 2〉, 1992년 〈장군의 아들 3〉이 연달아 제작되면서 본편에 미치지는 못했지만 지속적인 흥행을 이어갔으며, 한국 영화사에서 〈장군의 아들〉 시리즈가 거둔 성과는 주목할 만했다.

사실 시리즈 영화라고 하면 어린이 영화를 빼놓을 수 없다. 어린이 영화는 타 장르의 영화보다 캐릭터가 영화의 성패를 좌우하는 영향력이 크다. 따라서 원작이 흥행에 성공할 경우 이 캐릭터를 활용하여 다양한 이야기를 만들어낼 수 있고, 캐릭터에 대한 관객의 충성도도 높다. 아마도 1990년대에 학교 운동장을 누비던 독자들이라면 기억할 것이다. 1989년에 개봉한 남기남 감독, 심형래 주연의 어린이 영화 〈영구와 땡칠이〉는 당시 누적 관객 200만 명 웃돌았다는 비공식 기록이 있다. 물론 당시에는 지금과 같은 관객 집계 시스템이 갖추어져 있지 않았기 때문에 추정치이지만 전국 어린이회관, 시민회관에 〈영구와 땡칠이〉 간판이 걸리지 않은 곳이 없을 정도로 높은 인기를 끌었던 것은 사실이다. 〈영구와 땡칠이〉의 성공 이후 〈영구와 땡칠이 2: 소림사 가다〉, 〈영구와 땡칠이 3: 영구 람보〉, 〈영구와 땡칠이 4: 홍콩 할매 귀신〉 시리즈가 개봉되어 어린이들의 마음을 사로잡았고, 이외에도 제작사가 다르거나 전혀 다른 내용인 경우들이 있어 정식 시리즈로 보기는 어렵지만 '영구'라는 이름을 붙인 많은 영화들이 우후죽순으로 쏟아져나왔다.

2000년대에 들어와 조폭 코미디가 인기를 끌면서 〈조폭마

누라〉, 〈가문의 영광〉, 〈두사부일체〉 등의 영화가 시리즈로 제작되었으며, 그 외에 주목할 만한 시리즈로는 한국 공포영화의 한 획을 그은 〈여고괴담〉 시리즈라고 할 수 있다. "내가 아직도 네 친구로 보이니?"라는 섬뜩한 문장으로 기억되는 박기형 감독의 〈여고괴담〉은 1998년 개봉 당시 공포영화이지만 학교폭력과 왕따 등 현실적인 문제를 녹여내어 전국 관객 추산 180만 명의 흥행을 거둔 것뿐만 아니라 사회적으로도 많은 이슈를 만들어냈다. 여고를 배경으로 한 공포영화라는 스토리 축을 가지고 각 편마다 새로운 감독, 각본, 배우들로 구성되어 신인들의 등용문으로도 불린 〈여고괴담〉 시리즈는 2019년 6편 〈여고괴담 리부트: 모교〉까지 이어지며 한국 공포영화 장르의 대표적 시리즈로 자리매김했다.

한국 영화의 시리즈물은 코미디 사극 〈조선명탐정〉, 허영만 화백의 동명 만화를 원작으로 한 〈타짜〉 등 다양한 장르로 확대되어 이어져오고 있으며, 2017년과 2018년에 연이어 개봉한 〈신과 함께〉 시리즈는 합계 2,700만 관객을 동원하며 한국 영화사에 '쌍천만 영화'라는 새로운 기록을 세웠다.

3 시대와 문화를 넘어서는 이야기의 힘, 리메이크

리메이크(remake)란 '무언가를 다시 만든다'라는 단어의 뜻 그대로 기존의 영화를 다시 제작하는 것을 말한다. 원 작품에서 배경과 등장인물 등의 기본적인 틀을 차용하면서도 연출 의도에 따라 각색하여 만드는 영화다.

레이디 가가가 주연을 맡고 제91회 미국 아카데미상 8개 부문 후보에 지명되며 화제가 되었던 2018년 개봉작 〈스타 이즈

영화 〈스타 이즈 본〉(2018)의 두 주인공 브래들리 쿠퍼, 레이디 가가

본(A Star is Born)〉은 사실 1937년에 개봉된 동명의 영화를 리메이크한 작품이다. 1937년 개봉 당시 이 작품은 미국 엔터테인먼트 업계의 뒷모습을 여실히 보여주며 아카데미 시상식 7개 부문 후보에 오른 수작으로 평가되었다. 이후 20여 년 주기로 1954년, 1976년에 리메이크되었으며, 2018년 개봉된 〈스타 이즈 본〉은 세 번째 리메이크작이다. 재미있게도 같은 이야기로 네 번이나 영화화된 이 작품들은 개봉될 때마다 모두 흥행에 성공했다. 관객은 왜 다 알고 있는 이야기에도 열광하는 것일까? 이것은 원작이 가지고 있는 이야기가 시대를 넘어서도 공감이 가능하기 때문이며, 또 한편으로는 각 리메이크 작품마다 시대의 변화를 유연하게 반영했기 때문일 것이다.

최근 들어 리메이크가 더욱 화제에 오른 것은 디즈니 애니메이션의 실사 리메이크 작품들 덕분이다. 〈미녀와 야수(Beauty and the Beast)〉, 〈알라딘(Aladdin)〉, 〈라이온 킹(The Lion King)〉 등 고전에 가까운 작품들을 리메이크하여 당시 애니메이션을 보며 자란 부모 세대에게는 향수를 불러일으키고, 화려한 그래픽 화면에 익숙한 어린 세대에게는 그 눈높이에 맞는 새로운 볼거리를 제공한다. 그래픽 기술의 발전으로 과거에는 그림으로밖에 표현하지 못했던 상상 속 이야기를 현실화하여 〈라이온 킹〉의 경우 실제 동물을 촬영한 다큐멘터리가 아닌가 하는 착각이 들 정도다.

그러나 이런 실사화 과정에서 관객이 기존 애니메이션에서부터 가지고 있던 기대와 현실화된 영화 사이의 괴리 문제도 발생하고 있다. 때로는 너무 잘 만든 것도 문제가 되곤 한다. 실제로 〈라이온 킹〉이 개봉한 이후 실사에 가까운 동물들이 말하고 노래하는 데서 발생하는 이질감이 불편했다고 말하는 관객도 많았다. 이에 CG 아티스트 니콜레이 모츠킨(Nikolay Mochkin)은 딥 페이크 기술을 활용해 실사 라이온 킹을 애니메이션과 결

〈라이온 킹〉 팬 아트 [출처: Nikolay Mochkin(©ellejart)]

합하여 '너무 사실적인' 동물들을 좀 더 귀엽게 바꾼 팬 아트를 선보였는데, 이것이 온라인상에서 화제가 되기도 했다.

한국 영화계에서도 리메이크 작품이 눈에 띄게 많아졌다. 〈지금 만나러 갑니다〉, 〈독전〉, 〈바람 바람 바람〉, 〈리틀 포레스트〉 등 탄탄한 스토리를 기반으로 한 작품들을 우리나라의 문화와 상황에 맞게 리메이크한 작품들이 대다수다. 하지만 리메이크 작품이라고 모두 관객의 사랑을 받는 것은 아니다. 2018년에 개봉한 공포영화 〈여곡성〉의 경우 한국 고전 공포영화의 대표작으로 손꼽히는 1986년 작 〈여곡성〉을 리메이크한 작품이며, 같은 해에 개봉한 〈완벽한 타인〉은 2016년에 개봉된 이탈리아 영화 〈완벽한 타인들(Perfetti sconosciuti)〉을 리메이크한 작품이다. 그런데 〈여곡성〉은 원작이 가지고 있던 각 인물들의 강렬한 특징들을 제대로 살리지 못한 채 6만 7천 명이라는 관객 성적표를 받으며 흥행에 실패한 반면, 〈완벽한 타인〉은 미리 알고 보지 않는다면 해외 원작이라는 점을 크게 인식하지 못할 정도로 한국적인 정서에 맞게 재해석하여 529만 명의 관객을 동원하며 호평을 받았다.

한국 영화는 동남아시아, 중국, 미국 등 다양한 국가로 연간 100만 달러 이상의 리메이크 판권이 수출되고 있다. 박찬욱 감독의 〈올드보이〉의 경우 할리우드에서 같은 제목으로 리메이크되었는데, 원작에서 인상 깊었던 산낙지 장면이나 장도리를 들고 싸우는 장면 같은 주요 부분들이 리메이크 과정에서 축약되거나 다른 식으로 각색되면서 감흥이 떨어져 완성도가 기대에 미치지 못했다. 그러나 중국에서 2018년 〈자오다오니(找到你)〉로 리메이크된 엄지원, 공효진 주연의 미스터리물 〈미씽: 사라진 여자〉는 2억 8,500만 위안의 수익을 거두며 흥행에 성공했다. 한국 원작에서는 사회적 계급 차이에서 발생하는 문제를 스릴러 형태로 다루었으나, 중국 리메이크 작에서는 여성, 모성애에 좀 더 초점을 맞추어 현지화에 성공한 것으로 평가된다.

이처럼 리메이크되는 작품들은 대부분 유명 배우나 제작비에 의존하지 않고 이야기의 독창성과 서사가 가진 힘에 호소한다. 따라서 리메이크되는 시대와 문화적 배경에 대한 이해가 없는 수동적인 리메이크는 관객의 외면을 받을 수밖에 없으며, 시대의 흐름을 읽는 좀 더 영리한 리메이크는 여러 번 반복되어도 관객의 사랑을 받을 수 있다.

4 미션: 리스크를 줄여라

영화 산업에서 시리즈와 리메이크가 끊임없이 제작되는 이유는 무엇일까? 이는 영화 산업의 특성을 들여다보면 좀 더 쉽게 이해할 수 있다. 영화 산업은 전통적으로 수요의 불확실성이 높은 분야다. 영화는 기획, 시나리오, 캐스팅, 촬영, 후반 작업까지 엄청난 비용이 투입되고 난 이후 영화관에서 개봉을 해야만 비로소 흥행의 결과를 알 수 있다. 영화를 제작하는 동안에는 이 영화가 대박이 날지 망할지 알 수 없다는 뜻이다. 영화시장이 확대되면서 관객층이 점차 다양해졌지만, 그와 함께 불확실성도 증가했다. 과거에는 '흥행 보증 수표'라고 불리던 배우, 감독들이 총출동해도 개봉 이후 성적이 기대에 미치지 못하는 경우도 종종 볼 수 있다.

캘리포니아대학교의 아서 드 배니(Arthur De Vany) 교수와 홍콩대학교의 데이비드 월스(W. David Walls) 교수는 1984년부터 1996년 사이에 개봉된 2,015편의 영화 수익 데이터를 분석하여 영화 산업이 얼마나 리스크가 높은 분야인지 연구했다. 각

영화들의 박스오피스 수익을 그래프로 나타내보면 성공한 영화에서부터 실패한 영화까지 그 분포가 매우 넓었다. 높은 수익을 거둔 일부 '블록버스터' 영화들이 있지만, 대부분의 영화는 낮은 수익, 심지어 손해를 보는 것으로 나타났다. 따라서 두 연구자는 어떤 영화의 수익률을 예측하는 것은 불가능한 일이며, 영화 산업은 "아무도 아는 것이 없다(No one knows anything)"라는 전제하에 움직이고 있다고 이야기한다.

이처럼 영화 산업은 전형적인 고위험·고수익 산업이다. 영화진흥위원회가 발간한 《2018년 한국 영화 산업 결산》을 살펴보면 2018년 개봉한 한국 상업영화 40편의 편당 평균 총제작비는 103억 4천만 원이며 평균 수익률은 −17.3%로 나타났다. 2017년 한국 상업영화 37편의 평균 수익률이 18%였던 것과 비교해보면 큰 폭으로 감소한 것을 확인할 수 있다. 또한 2018년 개봉한 40편의 한국 상업영화 중 손익분기점을 넘긴 영화는 13편이었던 반면 수익률 −50%인 영화는 17편에 달했다.

따라서 많은 투자자들이 조금이라도 흥행 가능성이 높은 영화에 투자하려 하고, 제작자들은 흥행 예측 가능성을 높이고자 한다. 이러한 측면에서 시리즈와 리메이크는 기존 작품의 성과에 영향을 받아 어느 정도의 수요를 보장 또는 예측 가능하다는 점이 제작자들의 마음을 사로잡는다.

이는 경영학 분야에서 활용되는 마케팅 전략 중 하나인 브랜드 확장 개념으로도 이해할 수 있다. 2014년 출시되어 전국을 '허니' 열풍에 휩싸이게 만든 '허니버터칩'이 성공을 거둔 이후 해태제과에서는 그 브랜드를 확장하여 '허니통통'을 출시했다. '허니버터칩'의 동생으로 불리는 '허니통통'은 출시 1주일 만에 초도 물량 5만 4,000박스가 완판되는 기록을 세웠다. 끊임없이 신제품이 출시되고 유사 상품이 출시되는 과자시장에서 '허니

허니통통 [출처: 해태제과]

통통'이 이와 같은 초기 성과를 거둘 수 있었던 것은 '허니버터칩'이라는 강력한 브랜드와 연결시켜 브랜드 확장에 성공한 결과다. 이후에도 허니버터칩은 체리블러썸, 라벤더 등으로, 허니통통은 딸기, 애플 등으로 라인업을 확장하면서 '허니버터칩'이라는 성공 브랜드를 십분 활용하고 있다.

예를 들어, A라는 브랜드의 치약을 써보고 만족했다면 같은 브랜드의 칫솔, 구강 청결제에 대해서도 긍정적인 기대를 가지게 되고 이것이 제품을 구매하는 데 많은 영향을 미치게 된다. 탄산음료 브랜드에서 나오는 우유, 치약 브랜드에서 나오는 스파게티 등 기존 브랜드의 강력한 이미지와 확장된 제품의 이미지가 충돌하는 경우에는 역효과를 낼 수 있지만, 유사한 맥락에서 차별화된 브랜드 확장은 신제품의 시장 진입을 좀 더 쉽게 해준다.

많은 기업들은 이러한 브랜드 확장을 통해 신제품 출시에 수반되는 막대한 마케팅 비용과 실패 리스크를 줄이려고 노력하고 있으며, 이와 같은 맥락에서 영화의 시리즈와 리메이크도 원작이 가지고 있는 성공과 명성을 활용하여 마케팅 효과를 높이고자 하는 영화계의 노력이 반영되었다고 볼 수 있다.

5　익숙함으로 관객의 시선을 사로잡다

수없이 많이 쏟아져나오는 콘텐츠 속에서 각 콘텐츠 제작자들은 관객의 시선을 사로잡기 위해 좀 더 익숙한 소재를 활용하는 사례가 증가하고 있다. TV 프로그램을 살펴보면 이러한 경향을 더욱 쉽게 확인할 수 있다. 음악 프로그램의 경우 과거 인기 정상의 가수들이었지만 지금은 활동하지 않는 가수를 찾는 〈투유 프로젝트: 슈가맨〉과 다양한 장르의 명곡을 여러 가수들이 재해석하여 부르는 경연 프로그램인 〈불후의 명곡: 전설을 노래하다〉 등이 인기를 끌고 있다. 또한 예능에서는 한동안 보기 힘들었던 중견 스타들이 등장하는 〈불타는 청춘〉이나 지금은 함께 활동하지 않지만 1990년대를 풍미했던 아이돌 그룹이 다시 모여 출연하는 God의 〈같이 걸을까〉와 핑클의 〈캠핑클럽〉 같은 프로그램들이 다수 제작되고 있다.

개인도 누구나 쉽게 콘텐츠를 제작할 수 있는 시대에 접어든 이후 신선한 소재로 새롭게 시장에 진입하는 콘텐츠 제작자들과 차별화하기 위해 기존의 콘텐츠 제작자들은 자신들이 보

SBS 〈불타는 청춘〉 포스터 [출처: SBS]

유하고 있는 검증된 소재와 저작권을 최대한 활용하려고 한다.

이러한 현상은 콘텐츠 시장뿐만 아니라 식품 업계에서도 찾아볼 수 있다. 오랜 기간 소비자의 사랑을 받아온 스테디셀러를 변형하여 신제품을 출시하거나 단종된 제품을 재출시하는 경우들이다. 유제품 제조업체 푸르밀은 1976년 처음 출시된 농심의 '인디안밥' 과자의 맛을 살린 '인디안밥 우유'를 출시하여 인기를 끌고 있다. '인디안밥' 과자를 그대로 연상시키는 패키지 디자인으로 기존 과자에 익숙한 소비자의 눈길을 사로잡는다. 롯데제과는 1982년 출시되어 여전히 사랑받고 있는 'ABC초콜릿'을 쿠키와 결합한 'ABC 초코쿠키'를 출시했으며, 이마트24는 크라운의 대표 캐러멜 제품인 '마이쮸'를 아이스크림으로 만든 '마이쮸바'를 출시하여 출시 한 달 만에 아이스크림 분야 매출액, 판매수량 10위 안에 드는 성과를 거두었다. 이러한 리메이크 제품들은 기존 제품을 기억하고 있는 소비자에게 친근함을 주고 제품에 대한 기대를 심어줌과 동시에 궁금증을 유발한다.

최근 농심은 '뉴트로(new-tro)['새로운(new)', '복고(retro)'라는 신조어로 과거의 유행을 현대적 감각으로 해석하여 즐기는 최근의 현상을 뜻함]를 표방하며 1990년에 단종된 '해피라면'을 재출시했고, 삼양식품에서는 출시 47주년을 기념하여 1980년

해피라면 [출처: 농심]

대에 사용했던 디자인 그대로 '별뽀빠이 레트로' 한정판을 출시하기도 했다. 어릴 적 먹던 추억의 음식들이 그 시절의 감성과 추억을 자극하며 '핫한' 아이템으로 떠올라 소비심리를 자극하고 있다.

영화 시리즈와 리메이크물 역시 기존 캐릭터에 대한 친숙함이 관람객의 추억과 향수를 자극하는 것이 인기의 주된 이유라고 할 수 있다. 1980년대 후반부터 1990년대까지 대중문화를 소비하며 성장한 당시 10대, 20대들이 현재 주요 문화소비 계층으로 자리하면서 이들이 공감하고 즐길 수 있는 많은 콘텐츠들이 소재로 활용되고 있다.

기술의 발전으로 같은 이야기도 다양한 방법으로 표현할 수 있게 된 것도 최근 시리즈와 리메이크물 제작이 증가한 또 하나의 이유다. 애니메이션의 실사화는 물론이고 시리즈물에서도 더 폭넓은 소재를 활용하여 스토리를 확장시켜나갈 수 있다. 더 이상의 극한 상황이 존재할 것 같지 않던 액션영화 〈미션 임파서블(Mission: Impossible)〉도 시리즈마다 더욱 불가능한 미션들을 수행하고, 자동차 추격 신으로 유명한 〈분노의 질주(Fast and Furious)〉도 새로운 시리즈가 개봉할 때마다 자율주행차, 드론 등을 활용하여 액션의 규모를 더해간다. IMAX, 3D, 4DX 등 관람 방식의 발전 또한 기존의 작품을 재해석할 수 있는 여지를 제공하여 1999년 전 세계를 SF 열풍에 빠뜨린 〈매트릭스〉가 4DX 기술로 편집되어 재개봉하기도 했다.

영화 산업의 대표적인 특성인 OSMU(One Source Multi Use)는 하나의 콘텐츠를 여러 가지 용도로 활용할 수 있다는 것이다. 애니메이션이 하나 만들어지면 그 캐릭터를 활용하여 완구, 의류 그리고 게임까지 확장될 수 있는 것처럼 영화가 제작되면 영화관에서 상영되는 것으로 끝나는 것이 아니라 IPTV, 판권

판매, OST, 출판 등 다양한 방법을 통해 가치 창출이 가능하다. 최근의 시리즈, 리메이크 열풍은 하나의 작품을 만들어낸 이후 이를 최대한 활용하고자 하는 투자자, 제작자들의 니즈와 함께 앞서 살펴본 사회적인 변화들이 만들어낸 결과라고 할 수 있을 것이다.

6 계속되는 시리즈, 리메이크 열풍

콘텐츠 시장의 변화와 뉴트로의 유행으로 인한 시리즈, 리메이크 열풍은 당분간 지속될 전망이다. 영화 제작사들의 향후 라인업을 살펴보면 아직도 많은 영화들이 재탄생하여 관람객을 만날 기회를 기다리고 있다.

시리즈와 리메이크는 영화 산업의 특성인 불확실성을 감소시키기 위해 원작을 활용하여 새로운 작품을 만들어내며 시대의 변화를 반영한다는 공통점을 가지고 있다.

최근 리메이크되거나 시리즈로 제작되는 영화들을 가만히 살펴보면 당시 그 작품들이 많은 사랑을 받았던 이유는 고정관념을 벗어난 신선한 아이디어와 새로운 시도들 때문이었다는 것을 알 수 있다. 장난감에 숨결을 불어넣어 어린 시절 누구나 한 번쯤 상상해보았을 이야기를 실현시킨 〈토이 스토리(Toy Story)〉, 유전자 복제 기술로 공룡을 부활시켜낸 〈쥬라기 공원(Jurassic Park)〉, 그리고 우리 주변에 외계인이 함께 살고 있다는 재기발랄한 발상으로 흥행에 성공한 〈맨 인 블랙(Men in Black)〉 등 아이디어만으로도 관객의 시선을 사로잡을 수 있었던 작품들이 많았다.

이러한 작품들이 다시 재해석되고 사랑받는다는 것은 그

영화 〈토이 스토리 4〉 홍보물

시대를 기억하는 사람들에게는 매우 반가운 일이지만, 한편으로 생각해보면 관객을 매료시킬 만한 새로운 이야기가 점차 줄어들고 있다는 뜻으로도 해석될 수 있다. 익숙함을 활용해 관객이 영화관을 찾게 하는 것은 쉬운 방법이지만, 모바일을 이용해 빠르고 짧은 영상을 소비하는 젊은 세대들을 영화관에 오게 하기 위해서는 다른 방법이 필요할 것이다.

영화 한 편에는 멋진 배우, 아름다운 음악, 화려한 볼거리 등 많은 요소들이 포함되어 있지만, 그 뼈대를 이루는 탄탄한 이야기가 없다면 속 빈 강정처럼 보이기 일쑤다. 하나의 이야기를 여러 번 영화화하다 보면 점차 원래의 이야기가 가지고 있던 매력이 떨어질 수밖에 없을 것이다. 추억의 시리즈, 리메이크 작품과 함께 '이야기의 힘'을 보여주는 흥미롭고 도전적이며 신선한 발상으로 가득한 새로운 영화들의 선전 또한 기대해본다.

참고문헌

인스타그래머블

네이버 지식백과, 시사상식사전, pmg 지식엔진연구소.

"[라이프] "나 빼고 다 행복해 보여" SNS 우울증 심해지고 있다… 카페인 우울증", 〈SBS 뉴스〉, 2017. 05. 23.

"신라호텔 '애망빙'의 성공비결", 〈이코노미조선〉, 2019. 07. 01.

"윌럼 반 고흐가 밝힌 〈빈센트 반 고흐를 만나다〉 한국 전시가 특별한 이유" 〈CNB저널〉, 2019. 08. 14.

"인스타그램 국내 이용자, 소통·검색·쇼핑 위해 사용", 〈서울파이낸스〉, 2019. 05. 07.

"[Opinion] 전시힐링 – 빛의 벙커: 클림트", 〈아트인사이트〉, 2019. 04. 12.

한경 경제용어사전, http://dic.hankyung.com/

콘텐츠 큐레이션

마이클 바스카(2016). 《큐레이션: 과감히 덜어내는 힘》, 최윤영 역, 서울: 예문아카이브.

"4社 4色… 전자책 독자 취향은 달랐다", 〈매일경제〉, 2019. 03. 26.

"넷플릭스 콘텐츠 추천의 비결 '태거(Tagger)'", 〈조선비즈〉, 2019. 05. 12.

"멜론 15년 독점시대 끝날까… '취향 중심' SK텔레콤 '플로' 맹추격", 〈아시아투데이〉, 2019. 07. 12.
Iyengar, S. S., & Lepper, M. R. (2000). "When choice is demotivating: Can one desire too much of a good thing?", *Journal of personality and social psychology*, 79(6), 995-1006.

살롱문화

강현정·이진민·장미정(2019), "살롱의 콘텐츠 및 공간 요소 변화: 일상문화공간의 살롱 중심으로", 《기초조형학연구》 20(2), 9-23.
김용섭(2018), "한국에서 프랑스 살롱문화가 부활한다", 《라이프 트렌드 2019》, 부키.
"[트렌드] 2018 대한민국 '살롱문화'에 빠지다… SNS 피로 20·30, 취향 따라 살롱에 집결", 〈매일경제〉, 2018. 09. 03.

셀슈머 창작자들

"네이버 그라폴리오, 후원 서비스 적용 확대", 〈게임포커스〉, 2018. 04. 04.
백혜란·이기춘(2009), "프로슈머의 개념화와 성향측정도구 개발", 《소비자학연구》 20(3), 135-161.
"환불 안 되고 판매자 연락두절… SNS쇼핑 피해상담 18%↑", 〈연합뉴스〉, 2018. 09. 11.

문화예술 패키지화

석관호·윤성아(2013), "제품 소비량과 다양성추구 성향의 연관성에 관한 연구", 《유통연구》 18(4), 1-23.

이량·박세범(2019), "셀프번들링과 번들패키징 판매 방식이 소비자 지식수준에 따라 다양성 추구 행동에 미치는 영향", 《유통연구》 24(2), 47-63.

이삼열·천영준·곽규태(2016), "한국인의 문화예술소비 심리 분석: '취향 절충주의' 이론 기반 소셜 오피니언 마이닝", 《문화정책논총》 30(1), 204-226.

시리즈와 리메이크 전성시대

영화진흥위원회(2019). 〈2018년 한국 영화산업 결산〉.

"'추억의 맛' 리메이크 제품들 인기", 〈의학신문〉, 2019. 08. 12.

"'허니버터칩' 대신 '허니통통'", 〈한국일보〉, 2015. 01. 14.

De Vany, A., & Walls, W. D. (1999). "Uncertainty in the movie industry: Does star power reduce the terror of the box office?", *Journal of cultural economics*, 23(4), 285-318.